Doma Vaquera och Working Equitation

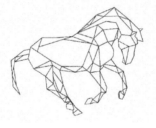

Finn Olsson

Innehållsförteckning

Introduktion

Doma Vaquera är en av de mest traditionella ridtekniker som har utvecklats i ridningens historia. Denna speciella ridstil har sitt ursprung i Andalusien i södra Spanien och är en krävande men harmonisk ridteknik som ger ett mycket speciellt band mellan människa och häst. Denna allians mellan ryttare och häst har gett upphov till en av de vackraste disciplinerna i Europa, där ryttaren rider med bara en hand medan den andra handen håller en tre meter lång trästock för att på ett lekfullt sätt presentera hinder i form av en koreografi. Den nämnda trästången, som ursprungligen ersatte herdehunden på Andalusiens högland, vars slätter och kullar är svåra att övervinna till fots, används inte längre för att driva får eller för att skilja unga djur från sin grupp eller för att fånga dem igen, utan denna traditionella teknik har snarare blivit en disciplin full av kontroll, men framför allt full av tillit mellan människa och djur, som än i dag visas upp med stolthet i stora och välkända turneringar.

Att rida med en hand - och i de flesta fall med den icke-dominanta handen, eftersom *garrocha* och därmed trästocken traditionellt hålls i höger hand - är ibland mycket svårt även för erfarna experter. Därför krävs det inte bara tilltro till den egna förmågan och ett gott mått av självförtroende, utan framför allt en stark kontakt mellan ryttaren och hästen. I dagens värld har Doma Vaquera därför blivit en disciplinär övning där man kan visa vilken kontroll en ryttare verkligen har över sin häst och om hans häst följer honom villkorslöst i varje rörelse.

Frågan om huruvida denna speciella ridstil verkligen är rätt för hästen bör därför ställas av varje försiktig ryttare redan före det första träningspasset eller innan han lär känna en *garrocha*. Alla fästen är inte gjorda för att övervinna hinder och svårigheter på ett särskilt elegant sätt. Under tiden liknar Doma

Vaqueras faktiska fristil mer en dans än vad den egentligen var. Den aspekt som har förändrats är att nästan alla hästar inte kan användas för detta arbete. Uppmärksamheten måste riktas mot rasen och djurets faktiska egenskaper.

Den ursprungliga arbetsridningen blev en officiell tävlingsdisciplin runt 1987. Det krävs en särskilt flygande växling mellan gång och galopp, där element av stark acceleration med snabba stopp, byte av takt och riktning bakåt, sidovägar och vaquera-svängar visas. Det har alltså blivit en tävlingsridning som nästan liknar en koreograferad dans, vilket är anledningen till att många ryttare ser hästen mer som en danspartner än som ett rid- eller arbetsdjur. Doma Vaquera är bland annat en mycket krävande ridstil som man inte ska ta lätt på.

På grund av den koreografiska delen av denna disciplin är det ofta en fråga om att båda parter ska lära sig de rätta stegen utantill och sedan naturligtvis återge dem skickligt. En dans måste övas in. Bara av den anledningen är inte alla hästar gjorda för den krävande ridtekniken. I den egentliga arbetsridningen fanns det inget behov av att memorera eller reproducera särskilda steg eller en exakt övergång mellan gång och galopp. Istället uppstod oförutsägbara situationer när ett djur skiljde sig från flocken eller när en oförutsedd förändring i vädret inträffade och hjordarna måste drivas vidare. Det är dock inte bara "freestyle"-delen som är krävande, utan det finns många andra faktorer som gör ridstilen till en mycket speciell teknik, där till och med en proffs måste erkänna att ett eller annat problem kan uppstå.

Ridsporten i sig är en mycket farlig sport där obehagliga skador kan uppstå, eftersom ryttaren i slutändan balanserar sin vikt på ett vilddjur som väger flera hundra kilo, som har en egen vilja och därför till exempel kan klättra upp på bakbenen när som helst. Dessutom är hästar särskilt känsliga för höga ljud och därmed också för musik, som till exempel ofta spelas under koreografiska freestyles. Ryttarens hela förtroende vilar på ryggen av ett tämjt djur som måste hållas under kontroll. Rätt ridutrustning är därför till exempel lika viktig som en säker och etablerad förbindelse mellan förare och fordon. Skador kan dock inträffa när som helst, även om båda händerna är på tyglarna. Detta är dock inte fallet med denna speciella ridteknik. Doma Vaquera behöver en annan hjälp än ryttare och häst. Därför kan inte båda händerna lämnas på tyglarna i denna krävande ridteknik. Istället hålls *garrocha* traditionellt i höger hand, som kan användas för att sticka ner i sandig mark, runt vars centrum ridhästen måste ledas i en koreograferad kür. I full galopp, även om en sådan snäv vändning runt *garrocha* vanligtvis innebär att man går ner till gångtempo, innebär detta bland annat att det just inte bara finns en extra vikt i form av trästocken i ena handen - som inte heller kan vikas eller minskas i storlek, vilket skapar ett oundvikligt hinder även för ryttaren - utan det innebär också att man måste förlita sig mer på fotarbetet och därmed på viktförskjutningen.

Doma Vaquera bör därför närma sig särskilt långsamt, eftersom hästen först måste bli bekant med *garrocha*, som är ett främmande föremål för djuret. Det krävs därför en mycket speciell acklimatiseringsfas, eftersom den nämnda *garrocha* kommer att vara en ständig följeslagare vid sidan av den faktiska ryttaren. Om man redan från början tar sig tillräckligt med tid för att vänja sig vid nya föremål och därmed också vid den nya utrustningen kan man därför uppnå stora fördelar under den fortsatta utbildningen. Den här boken är avsedd att ge en inblick i det komplexa men fascinerande sättet att rida Doma Vaquera och på så sätt hjälpa särskilt dem som själva söker en introduktion till detta område full av självförtroende och passion. Med rätt hjälp och några tips är det trots allt möjligt för alla ryttare. Det enda som behövs är att hitta rätt häst, men det är också möjligt för ens egen vän och fyrbenta vän sedan många år tillbaka att ta sig in på detta svåra område av dressyr. Vi kommer nu att diskutera hur detta fungerar och hur man bäst skapar en perfekt kontakt mellan ryttare och häst.

Historisk bakgrund

Doma Vaquera var inte alltid en disciplin vid turneringar där ryttaren kunde använda graciösa rörelser för att visa hur mycket han kunde trotsa naturrelaterade hinder, eller där gymnastiska koreografier användes för att imponera på publiken genom att pryda hästen så att den kunde visa sig från sin bästa sida. I stället var det en arbetsridning som underlättade herdarnas vardag för mer än trehundra år sedan och som därför var allt annat än koreografisk och dansliknande. Arbetsdagen var hård och lång, både för ryttaren och för fordonet.

Denna berömda ridningsstil för arbetshästar, från vilken västerländsk ridning slutligen härstammar, har sin historia i Spanien. Runt 1600-talet letade herdar och boskapsskötare efter ett sätt att effektivt driva och styra sina hjordar på Andalusiens kullar och slätter. I Mellanöstern och även i Asien använde man herdehundar för att utföra denna uppgift, men det såg inte lika lätt ut i Andalusiens komplicerade bergsområden, där det fanns några plana slätter där hjordarna kunde beta. I stället var terrängen full av kullar, stenar och block att klättra uppför och breda, om inte djupa, floder utan broar över dem. Därför sökte man här efter en metod för att underlätta herdens allmänna arbete, till exempel när ett ungt djur blev avskilt och föll ner i en flod. Fram till dess fick herden följa efter, vilket inte bara var utmattande utan också gjorde resten av dagen i våta kläder obehaglig. Den första tanken var inte en häst, det fanns ju redan speciella hundraser som användes uttryckligen för jakt eller som herdehundar. En hund kunde också utföra sitt arbete effektivt här, i den steniga och ojämna terrängen, som njöt mycket av tiden i naturen med de olika nivåerna. Den riktiga herden eller bonden kunde däremot inte ta sig över den steniga terrängen så lätt. Herdhunden kunde ju inte lämnas ensam. Den behövde instruktioner för att hunden överhuvudtaget skulle kunna utföra sitt arbete, och därför var herden tvungen att följa hunden och hela tiden hålla sig åtminstone på samtalsavstånd. Detta ledde till vissa komplikationer.

Det var nästan omöjligt att driva och samla ihop hjorden till fots. Det var svårt för boskapsskötaren att snabbt ta sig över kullarna och att följa hjorden, som betade fritt året runt och hade det mycket lättare på Andalusiens slätter på grund av sin anatomi. Storleken på hjordarna var också förvirrande, och det var därför som framför allt unga och gamla djur hela tiden bröt sig loss från gruppen.

Man insåg därför snabbt att det behövdes en häst eller ett transportmedel. Idén om en häst kom därför mycket snabbt. Även om hundar och hästar, som fungerade som hästar, förstod varandra, eftersom de kunde ta sig över stenig terräng med en graciös lätthet, kunde en herdehund, både då och i dag, ge en hektisk och upphetsad bild av sitt arbete, vilket var svårt för en häst att stå emot. En hund användes ju sällan för riktigt tystgående skjutningar. Pushing är en jaktterm som står för ett mycket tyst sätt att jaga. Istället hittades den vid drevjakter, där jakten var särskilt högljudd, eftersom syftet var att få fram ett djur och föra det till en stig där jakthunden kunde leda djuret rakt fram till skyttarna. Körning är alltså en särskilt bullrig jaktmetod. Flera hundar som utförde den här uppgiften tillsammans kom mycket bra överens med varandra, vilket de gör än idag. En häst kan dock bli skrämd av denna högljudda jakt eller av denna högljudda och ofta hektiska körning. Hästar är trots allt kända för att skrämma upp sig vid höga ljud och kastar därför inte sällan sin ryttare av sig, vilket mycket väl kan leda till allvarliga skador, särskilt med tanke på att ryttarens utrustning på den tiden varken var av hög kvalitet eller lika dyr som i dag.

Att driva en hjord, som bara ska byta foderplats för att de enskilda djuren redan har betat slätten, liknar ändå en jakt i bara några få detaljer. I själva verket liknar drivning av en hjord mer en drivning under en jakt, där djuret inte jagas i en riktning av en jakthund i dödlig rädsla, utan drivning är en särskilt skonsam form av jakt, där det sker mycket tyst och där djuren därför utsätts för särskilt lite stress. En högljudd herdehund, som snarare användes för mycket mindre grupper, skulle följaktligen skrämma en häst som skulle föra ryttaren genom ett särskilt stort antal djur i flocken, vilket 1600-talets herdar också märkte ganska snabbt. Den utgjorde en enkel men ändå formidabel fara för ryttarna. Bland annat behövdes det inte bara en herde, utan ofta gick familjefäder ut på Spaniens slätter med sina söner. Detta var inte särskilt ovanligt, eftersom hjordarna och även egendomen ofta stannade i familjen och gick i arv från generation till generation. Därför började barnen tidigt lära sig att verkligen ta hand om djuren - och därmed familjens enda inkomstkälla - och att ta hand om dem. Att sätta ett barn eller en oerfaren person på en häst som kunde kasta av personen i fråga var ett farligt företag. Detta är fortfarande fallet i dag. Att ta med sig ett djur som är känt för att kasta bort ryttare eller som inte är nybörjarvänligt till en ridlektion för nybörjare är fortfarande ingen bra idé och kan få allvarliga konsekvenser. Denna aspekt har alltså inte förändrats under århundradena. Men tiden vid den tiden var ganska lugn, då man inte förväntade sig något angrepp utifrån, utan kunde koncentrera sig helt på livet i högfjällen och på den, till skillnad från strider och krig, avslappnade vardagen med att sköta boskapen. Det fanns därför inget behov av drastiska åtgärder, vilket innebar att en oerfaren ryttare måste hantera skrämda hästar, men man kunde vidta åtgärder för att garantera herdarnas säkerhet. Herdehunden ersattes snabbt av en trästock, vars teknik så småningom skulle ge upphov till westernridning, så som vi känner till den än i dag från välkända cowboyfilmer.

Det exakta ursprunget till denna teknik finns i den så kallade *Jineta*. I denna urgamla form av ridning, vars rötter sträcker sig över två tusen år tillbaka i tiden, kämpade ridande krigartrupper på den iberiska halvön. De utkämpade slag och strider till häst, ofta med ett spjut av trä med metallspets. Det var just från denna plats som romarna i grannländerna vid något tillfälle övertog denna teknik, ända ner till grekerna och till och med vidare till Egypten. Iberiska halvön, eller Pyrenéerna, ligger i sydvästra Europa. Sydväst om Frankrike upptar Spanien mer än åttiofem procent av området. De återstående procentandelarna innehas av Portugal och Andorra. För två tusen år sedan fanns denna smidiga form av ridning alltså på exakt rätt plats, som senare skulle bli den verkliga födelseplatsen för Doma Vaquera, även om den förlorade i popularitet när man hittade mycket effektivare metoder för att slåss. Inte bara på den iberiska halvön utan även i resten av Sydeuropa förlorade denna teknik i betydelse, eftersom det var ganska dyrt att ha så många hästar för en hel armé och att ta hand om dem, eftersom ett sjukt eller svagt djur inte skulle överleva länge i strid. Därför kom man ganska snabbt fram till att man föredrog andra metoder som var mycket effektivare och som därför inte längre innebar att man använde sig av fästen. Det var inte förrän på 1600-talet som ridning äntligen återupptogs som arbetsmetod, och slutligen också där krigare utkämpade slag och strider på sina hästar för två tusen år sedan. I det som nu är Andalusien, ett stort område i södra Spanien och därmed den iberiska halvön, ändrades denna metod.

Kamptekniken blev därför ett arbetssätt som många aspekter övertogs från, utan att de egentliga kampteknikerna återupplivades. Det var trots allt en ganska fredlig tid då herdarna satt i sina sadlar i timmar utan att stöta på några större hinder. Följaktligen fanns det inget behov av stridsträning med användning av *garrocha*. Den faktiska ridstilen antogs ändå.

För att driva hjordarna effektivt, övervaka dem, men också för att skilja enskilda djur från flocken eller för att återföra förlorade djur, krävde den ojämna marken en särskilt snabb ridstil och extremt friska och starka hästar för att de skulle kunna klara av att trotsa marken, trots ryttarens tyngd på ryggen. Det handlade om att slå ut raggar och driva tillbaka djur som bröt sig loss från den egentliga gruppen. Just för detta ändamål måste hästen inte bara vara stark, utan också snabb, men också på topp. Detta var ju just anledningen till att Jineta, men även romarna och grekerna, snabbt avskaffade användningen av hästar i armén. Att hålla en häst i så god form kan ofta vara utmattande, särskilt om det handlar om många exemplar. Arbetskörning på 1600-talet krävde inte hundratals djur som i en armé. Istället räckte det med några få exemplar, men de måste fortfarande skötas väl. Om en häst till slut gick sönder av någon anledning fanns det ofta ingen ersättare, eftersom det var dyrt att köpa en häst redan på den tiden. Hela boskapsskötaren kan därför vara frånvarande under några, ibland till och med många dagar och veckor. Det var alltså inte bara köpet av rätt häst som spelade roll om stoet inte var dräktigt, utan även köpet av rätt *garrocha*. *Garrocha* gjorde resten och hjälpte framför allt till att föra tillbaka djuren in i flocken, men i slutändan var hästen tvungen att komma tillräckligt nära och framför allt tillräckligt snabbt till det förrymda djuret. Trästocken var alltså bara ett medel för att uppnå ett mål, men hästen i sig blev ett oumbärligt redskap som underlättade ryttarens liv oerhört mycket och som måste tas om hand på motsvarande sätt.

Med tiden blev ryttarna särskilt nära sina hästar. På den tiden kunde hjordarna bli verkligt stora och nästan otaliga. Därför var det svårt att hålla reda på allt med ett enda par ögon, även om dessa var upphöjda genom att sitta i sadeln på hästens rygg. Det var därför inte ovanligt att flera herdar var placerade på olika ställen för att verkligen kunna se helheten, t.ex. när hjordarna bara sköttes, eftersom ett ungt djur när som helst kunde skilja sig från hjorden och då måste det drivas tillbaka till familjen utan våld. Det är här som skillnaden mellan en ridhäst och en herde- eller jakthund blir särskilt tydlig. Följaktligen fanns det definitivt en annan person som vakade över hjorden, men i slutändan var herdarna ibland så långt ifrån varandra att det enda sällskap som herden hade under dagen var sitt hästdjur, som med tiden blev en nära vän. De tillbringade timmar om dagen tillsammans och efter ett tag förstod de varandra helt blint. Inom ridsporten är detta inte direkt ovanligt. Människor och djur kan skapa otroliga band som varar livet ut. Det är trots allt inte för intet som hunden sägs vara människans bästa vän, just för att de är lojala djur som lyssnar på sina ägares kommandon, order och instruktioner. När man talar om ett sådant band tänker de flesta människor på ett enkelt husdjur som finns där även i svåra tider och försöker muntra upp ägaren. En hund kommer dock aldrig att kunna bära sin ägare på ryggen, den kommer aldrig att kunna underlätta människans arbete som den gjorde då. Som exempel kan nämnas att det numera finns hundar som arbetar med räddning av människor och därmed hjälper till att hitta skadade personer, men om en herde skadas kan hans ridhäst också föra honom tillbaka till en annan herde eller hans familj utan instruktioner, utan att den skadade personen behöver göra något.

En hund kunde bara ha varnat någon, men att bära en människa på ryggen, och att göra det delvis helt utan att tänka efter, utan helt enkelt av vänskap med ryttaren, det kunde hunden naturligtvis inte. Det blinda förtroende som en ryttare har för sin häst är därför ett band som klart går längre än ett husdjur. När de två personerna växer nära varandra bildar de ett band som kan trotsa alla naturliga förhållanden - både inom och utanför herdens arbete. Detta förstod herdarna och bönderna på 1600-talet ganska snabbt, och därför blev dessa graciösa men också livliga djur snabbt populära, inte bara i Andalusiens höga berg utan även i dalarna och till och med i de växande städerna.
Bara en kort tid senare märkte herdarna att man kunde få ut så mycket mer av

dessa djur, av ridhästar med ganska mycket temperament, men också med rätt arbetsvilja, än att bara driva får eller boskap. De ansågs inte längre vara lämpliga endast för detta, enligt tidens normer, "enkla" arbete. I stället var detta arbetssätt så graciöst, elegant och smidigt att tävlingar och evenemang hölls med de egentliga arbetshästarna, som i de flesta fall inte var särskilt välskötta, åtminstone inte visuellt, trots att en mycket nära vänskap hade utvecklats under årens lopp. Exakt dessa arbetshästar, svettiga från solens värme hela dagen och klädda i smuts och sanddamm, överträffade plötsligt de hästar som inte ens då hade sett riktiga betesmarker, men som tränades för att bli rena utställningshästar redan på den tiden. Dessa särskilt gamla raser överlevde också in i vår tid, för det är bara alltför gärna som man fortfarande ser verkligt gammaldags hästraser vid turneringar, men till slut blev Doma Vaquera-hästarna regelbundna flygande hästar, trots att de, åtminstone på den tiden, inte var så välskötta. Med tiden utvecklades detta till disciplinen doma vaquera, som vi fortfarande känner till i viss mån i dag, och därmed just en mycket specifik övning i den välkända och populära dressyrridningen. Den egentliga arbetsverksamheten har stannat kvar i historien och även om varje blivande ridelev minst en gång har hört att *garrocha* egentligen var en ersättning för herdehunden och att själva hästen bara var ett ändamål för att förflytta sig genom Andalusiens svåra terräng, talas det sällan om det i dagens tävlingar. Den gammaldags turneringsdräkten pekar fortfarande på ursprunget, men det händer gång på gång att nya elever som precis har börjat med denna disciplin inte bara inte har någon aning alls om denna gamla och stolta arbetande ridstil som den en gång var, utan att de inte ens ger den en rudimentär tanke. Så Doma Vaquera från förr har ändå förändrats.

I dag handlar det om en elegant dans, men på 1600-talet bar hästen ryttaren, och sällan en gång ryttaren, över floder, över berg och dalar och mellan klippor och kullar. Dessutom kom hästarna i kontakt med många olika djur av andra arter. Detta förenklade inte bara arbetet, utan byggde också upp ett förtroende som knappast kan jämföras.

Doma Vaquera - traditionell ridningsteknik

Under tiden får hästar som tränas för Doma Vaquera-ridningsstilen inte se några nötkreatur eller ens en tjur. Kontakten med andra djur är rent av förbjuden, vilket är anledningen till att många hästar tillbringar sin tillvaro och sin träning i isolering och bara får träffa andra fyrbenta vänner eller till och med andra människor när det gäller turneringar.

Tekniken för arbetsridning, som har sitt ursprung i strider och slag, har blivit en disciplin, en övning för turneringar, där förtroendet mellan häst och ryttare återigen sätts på prov. Nu finns denna teknik dock inte längre i de höga bergen över slätter och fält, genom floder och klippor, medan boskap och får drivs framför dem eller fångas, utan endast i turneringar. Det innebär bland annat att det inte längre handlar om att åka i hög hastighet genom låga floder eller att stå svettig i solen i timmar. Det finns inte längre något behov av att fånga ett enda djur med denna krävande men harmoniska ridstil, och Doma Vaquera-hästen räknas inte längre som ett allmänt färdmedel. Fokus ligger nu snarare på de verkligt konstnärliga aspekterna som den särskilt graciösa och smidiga ridningen från förr i tiden förde med sig.

Själva ridningen har på så sätt blivit en extraordinär dans som visas upp inför många människor och åskådare. Fascination och applåder är därför viktigare än ljudet från de drivna djuren, precis som förr i tiden.

Denna specialdisciplin handlar om att utföra en freestyle. På ridsportspråk betyder freestyle dressyr eller den disciplin inom ridsporten där man visar gymnastiska övningar som fokuserar på hästens naturliga rörelser. I slutändan är det alltså en koreografi, en föreställning för åskådarna. Här förfinas de nämnda övningarna gång på gång och tas upp till en helt ny nivå. Nya tekniker prövas och blir historiska. Detta sker genom särskilt liten och diskret hjälp från ryttaren själv. Hästen måste reagera på små signaler med en mycket speciell övning, teknik eller rörelse. Dessa signaler ska förbli dolda för åskådarna så att de får en mycket speciell effekt, som nästan talar om telepatisk kommunikation eller ryttarens absoluta kontroll. Sådana signaler kan t.ex. vara ett enkelt drag i tyglarna, knackning med sporrarna på skon eller med hälen, men det kan också vara en enkel förflyttning av ryttarens vikt åt sidan. På det hela taget kan man säga att dressyrridning är en dans som äger rum mellan ryttaren och hästen. I dessa stunder är det bara de två och all uppmärksamhet är riktad mot dem. Det är ett skådespel för åskådarna och syftet är både att vinna priser och i slutändan att fascinera åskådarna och att ha roligt.

Denna dans kan därför jämföras med en mänsklig dans, där det också finns olika kategorier eller genrer. Dressyrridning är en särskilt ädel dans som kräver en mycket exakt sekvens av steg och en perfekt teknik. Ryttarna bär också mycket speciella kläder, som ibland kan vara dyra. Samma sak gäller naturligtvis för fyrbenta fordon. Manen måste tas om hand, liksom svansen. Vid dressyrridning är det mycket sällan som hästens manke är öppen, särskilt om det är en mycket lång manke. Istället är det antingen kraftigt förkortat och bärs sedan öppet, eftersom det naturligtvis inte går att göra något annat med det, eller så kan man prova olika frisyrer. Det är inte ovanligt att man ser flätade flätor eller knutar som håller ihop håret, och när det gäller knutar förkortas det avsevärt. I de flesta fall är svansen också förkortad eller knuten. En flätad flätning förekommer ganska sällan här. I allmänhet bärs dock inte manen öppen, eftersom det inte ser särskilt elegant ut och en lång mane dessutom skulle distrahera från hästens benarbete. Dressyrridning är alltså ett rent ut sagt perfekt sätt att rida, vilket står i skarp kontrast till hästarnas egentliga ursprung, som en gång i tiden gick vilt och fritt omkring på landsbygden.

Doma Vaquera är dock en minst lika stark kontrast. På det hela taget räknas denna mycket speciella ridstil också som dressyrridning, eftersom det definitivt krävs en mycket specifik rörelsefråga. Den här speciella tekniken är dock mycket friare än den fria stilen i en normal dressyr. Rörelserna behöver inte vara perfekta. Denna unika fristil är därför enormt annorlunda. I normal dressyr, vid en tävling, ges i många fall en mycket specifik sekvens av steg som alla ryttare måste behärska med sina hästar till bästa möjliga perfektion, och den som kommer närmast denna perfektion vinner i slutändan tävlingen. Ett sådant system för att bedöma om man vinner eller förlorar kan dock inte existera i Doma Vaquera, eftersom rörelserna inte behöver vara perfekta och därmed inte heller den perfekta synkroniseringen. I stället är det uttrycket som är viktigt. Här avses både det uttryck som dansen i slutändan visar och som följaktligen beskriver dynamiken mellan de två individerna och hästens uttryck i allmänhet. Detta kommer att diskuteras närmare i ett senare kapitel, eftersom det är ett särskilt starkt inköpskriterium när det gäller Doma Vaquera-hästar.

Doma Vaquera representerar en dans som inte bara ser hästen och ryttaren som en kombination, utan som också behöver en tredje part för att dansen överhuvudtaget ska vara möjlig på detta område. Den behöver en tre meter lång trästock som ryttaren håller i med en hand. Denna trästock kallas *garrocha*, *vilket* redan har nämnts. För att påminna om att denna träpinne användes av herdarna i Andalusien på 1600-talet för att föra tillbaka enskilda djur till flocken eller för att skilja dem från flocken, eftersom hästen inte kunde komma så nära de många och mycket mindre djuren som till exempel en herdehund kunde. Numera används dock *garrocha för* att representera ett naturligt hinder som hästen leds runt. För att göra detta sticker man ner trästocken, som har en räckvidd på knappt tre meter, i den sandiga marken. Hästen ska sedan ledas runt den i en cirkel. Det innebär bland annat att svängarna är mycket snäva och att de kommer plötsligt. *Vaquero,* som dagens doma vaquera-ryttare kallar sig, håller *garrocha i* handen hela tiden. Han får inte släppa den, vilket är anledningen till att hästen i slutändan knappt har mer än en armlängds avstånd att gå runt detta hinder - och vanligtvis inte bara i gång, utan ibland mycket snabbare.

Doma Vaquera skiljer sig också mycket från vanlig dressyrridning, som också kan jämföras med en dans. Men om doma vaquera till exempel representerar fri och bekymmerslös dans runt en lägereld, så är dressyrridning mer som den ädla dansen på en fin boll, där alla rörelser måste passa perfekt för att inte skämma ut sig själv. Dessa två metoder är helt olika i sitt utförande, men de är mycket lika i de enskilda rörelserna, som används på ett mycket mer lekfullt sätt i denna gamla ridteknik.

Doma Vaquera handlar bland annat om att kombinera vissa rörelser efter varandra för att skapa en koreografi som skiljer sig drastiskt från de andra turneringsdeltagarnas. Det finns många olika rörelser att välja mellan. Särskilt populärt är baklängesgången, som också ofta kan ses i vanlig dressyr. Tanken är att dra in tyglarna medan hästen travar och låta hästen veta att den inte går rakt fram utan bakåt. Tillsammans med *garrocha* kan den kombineras lika bra som till exempel piruettridningen. Doma Vaquera talar i allmänhet om ett särskilt nära samarbete med *garrocha*. Ofta handlar det om att sticka ner den nämnda trästocken i den sandiga marken och rida runt den mycket nära och snabbt. Detta är en utmaning både för ryttaren och hästen, eftersom *garrocha* knappt lämnar mer än en armlängds avstånd för alla rörelser. Detta kan tas ett steg längre och kombineras med piruettridningen. Detta är en populär teknik där hästen ska vända sig i en cirkel, men bakbenen rör sig knappt. Hästen förblir därför exakt på samma plats när den utför en piruett. Detta är redan en svår uppgift i sig, men i kombination med *garrocha* är denna teknik särskilt sevärd.

Populärt är också den allmänna hörnridningen, där hästen dock inte bara körs från den ena sidan av arenan till den andra, utan här liknar denna teknik särskilt mycket den gammaldags dressyrridningen. Det handlar om ett särskilt elegant steg. Hästen förblir alltså diagonal medan den rör sig vertikalt från ena sidan av arenan till den andra. På ridsportens område kallas detta för travers eller de så kallade sidoväggarna.

Detta är de grundläggande tekniker som en *vaquero* måste kunna för att kunna röra sig. Hela arenan ska ju användas. Annars ser dock många av rörelserna likadana ut, förutom de tekniker som nämns här. Det handlar mest om att åka runt *garrocha*. Detta görs vanligtvis på samma punkter i arenan eller inom ett visst utvalt område. För att förflytta sig från dessa punkter till en annan, och där igen utföra en välgjord vändning runt *garrocha*, kan man dock använda element från allmän dressyrridning, vilket bara gör detta urgamla sätt att rida ännu mer fascinerande.

Det handlar alltså inte längre om att driva boskap och får över Andalusiens vidsträckta betesmarker. I vissa fall är det till och med strängt förbjudet att ha kontakt med andra djur, eftersom djuren ska koncentrera sig på sitt arbete. Här måste man dock göra en åtskillnad. Själva namngivningen och skillnaderna mellan *Garrochista* och *Vaquero kommer att* diskuteras i detta avsnitt vid ett senare tillfälle, men här bör det först sägas att det i allmän dressyr, och därmed även i Doma Vaquera, inte är en bra idé att hålla hästarna borta från sina artfränder, utan även från andra djur. Tyvärr är detta en praxis som tillämpas mycket ofta i dag. Den faktiska bakgrunden är ganska begriplig. Hästar som ska ridas i tävlingar är vanligtvis mycket högt ansedda eller säljs eller auktioneras ut för ett mycket högt pris. De kan därför nästan beskrivas som klart "viktigare" än vad som är fallet med en häst som ges till barn på ridlektioner. En sådan häst kan bli berörd av många människor, får mycket stryk, umgås med andra djur och lever därför ett ganska enkelt liv. Med tävlingshästar är det dock annorlunda.

Dessa hästar är mycket kända och eftersom de i de flesta fall inte har kostat så lite, behandlas de mycket speciellt. Endast ett fåtal ägare till en tävlingshäst gör verkligen skillnad. Därför är det inte många av dem som hålls exakt som sina betydligt "billigare" jämnåriga. I stället är den allmänna regeln att en utställningshäst bara ska bry sig om det som den köptes för och i vissa fall till och med föddes för att göra, nämligen att arbeta på en utställning. En strikt träningsplan upprättas tillsammans med en mycket specifik diet. Detta innebär bland annat att hästen hålls borta från andra djur. Det är ju meningen att den ska koncentrera sig på en enda sak och om hästen till exempel är en hingst kan vissa hormonella drifter stoppas på detta sätt.

Naturligtvis kan en häst som hålls och utbildas på detta sätt nå mycket höga höjder och uppnå topprestationer. Men till vilket pris? Det är trots allt inte ovanligt att sådana hästar blir helt överväldigade i de överfulla stallarna strax före själva tävlingen, där de för första gången kommer i kontakt med andra djur och därför inte låter någon komma nära dem. De går ut och är rädda för dessa nya intryck. Till och med ryttaren har svårt att hålla djuret under kontroll i detta ögonblick, eftersom det helt enkelt inte är vant vid denna situation. En sådan häst tillbringar större delen av sin tid i nästan fullständig isolering för att kunna utsättas för hård träning. Men när den stora dagen kommer behandlas alla djur på samma sätt. De får alla samma låda, samma plats att bo på, i de flesta fall samma mat och exakt samma behandling. Pengar kan inte användas för att få en fördel här. På en sådan utställning görs ingen skillnad mellan en "billig" häst som kan klappas av vem som helst och ett särskilt dyrt exemplar som är panikslaget.

Särskilt eftersom man också kan säga att Doma Vaquera en gång i tiden var en ridstil som användes för att hantera andra djur för några århundraden sedan. Hästarna är därför redan vana vid social kommunikation med andra medlemmar av sin art. Exakt denna aspekt kan också fortsätta i modern tid. En häst är lugn när den har förberetts på rätt sätt för kommande situationer, och även om det är sant att häst och ryttare i dressyr och på samma sätt i Doma Vaquera går in i själva disciplinen ensamma, så är de inte alltid ensamma. De kommer att träffa många olika människor och även andra medlemmar av samma art. På så sätt kan den egna hästen också förbli lugn när den har kontakt med andra djur, och därför är den naturligt förberedd på alla situationer som kan uppstå.

Denna specifika ridteknik har därför förändrats hela tiden. Namnen har också ändrats under århundradena, vilket faktiskt är ganska ovanligt inom ridsporten. Den typiska herden som drev boskap och får över Andalusiens berg och slätter kallades förr *garrochista*. Namnet kommer från trästocken, *garrocha*. Denna *garrochista*, som tillsammans med sin häst och sin *garrocha tog* sig fram i den ojämna terrängen med floder och stenar, blev dock *vaquero*. Den ryttare som visar sin freestyle på turneringar och dansar tillsammans med sin häst kallas idag också för en *vaquero*. Därför måste man göra en åtskillnad. Ännu idag finns det gammaldags ryttare som visar besökare och turister hur herdarna brukade utföra sitt arbete. Dessa ryttare kallas för *garrochistas*, eftersom de vanligtvis bär färgglada kläder som inte alltid behöver följa reglerna. En person som använder doma vaquera vid en turnering och som därför tar frågan på större allvar och som inte längre driver djur, kallas *vaquero*. Han känns igen på att han bär mycket gammaldags kläder. Ljusa färger är nästan helt förbjudna, liksom alla former och mönster, även om detta förklaras närmare senare.

Denna gammaldags ridteknik har definitivt förändrats. Nästan alla aspekter har förändrats under åren, men särskilt hästarna. Naturligtvis stod det snabbt klart att vissa hästraser lämpar sig bättre än andra för herdearbete och därmed också för doma vaquera. Detta gäller trots allt även för jakthundar som används för arbete, eller för andra djur som underlättar människors vardag. På 1600-talet var man dock nästan helt likgiltig för vilken ras en häst kom från. Herdarna letade snarare efter särskilt friska och starka hästar som kunde arbeta länge, eftersom de i slutändan bar sin ryttare på ryggen hela dagen i Andalusiens hetta. Det faktiska ursprunget spelade därför mindre roll än djurets karaktärsdrag. I dag har detta dock förändrats mycket. Till exempel är det bara vissa hästraser som är tillåtna vid turneringar, och det är just detta som vi kommer att tala om i följande kapitel.

Hästen

På 1600-talet brydde sig herdarna på Andalusiens marker och betesmarker inte alls om huruvida hästen var särskilt vacker, om svansen eller manen var för kort eller för lång eller vilken ras den till slut var. Alla dessa element kom samman långt senare, men låt oss först titta på hur en typisk Doma Vaquera-häst brukade se ut innan vi hoppar över till vår nuvarande generation.

För mer än trehundra år sedan fokuserade man till exempel på mycket stora hästar. Denna tankegång kommer från det faktum att man förr trodde att särskilt stora hästar också var särskilt snabba. Därför var fokus här helt klart mer på den faktiska hastigheten än på manövrerbarhet och förmågan att ta särskilt korta och kraftfulla kurvor på ett smidigt sätt. När ett ungt djur till slut bröt sig loss från flocken var det ibland inte ovanligt att förlusten av det unga djuret lamslog hela gruppens reproduktion. Även vuxna djur kan gå vilse och följa sin egen vilja, men särskilt när det gäller unga djur kan man säga att de är lika nyfikna som människobarn. Det var därför inte ovanligt att ett ungt djur hamnade i farliga situationer. I dessa ögonblick krävdes det en särskilt snabb montering för att få tag i det unga djuret, särskilt när man först sent upptäckte att det inte fanns något exemplar kvar. Manöverförmåga och därmed just förmågan att snabbt och elegant driva gruppen in i kurvor var säkert också mycket viktig, men i slutändan arbetade 1600-talets *garrochiastas med garrocha*, med vilken man kunde korrigera en ofullkomligt utförd sväng eller kurva. Följaktligen lades mycket större vikt vid hastigheten än vid andra aspekter.

Detta innebar bland annat att särskilt stora hästar valdes ut för arbete i Andalusiens bergsområden. Det var först långt senare som man upptäckte att hästar som har en viss längd och mycket specifika kroppsegenskaper är mycket snabbare, trots sina korta ben, än mycket stora hästar med särskilt långa ben. Detta upptäcktes dock först i slutet av 1800-talet. Fram till dess hade man valt hästar som inte bara var särskilt stora, utan också oansenliga och inte direkt uttrycksfulla.

Eftersom de flesta herdarna var fattiga människor kunde hästen inte heller behandlas särskilt lyxigt. Med tiden bildades en särskilt djup vänskap, som i filmer ibland kan beskrivas som vänskapen mellan en cowboy och hans vildhäst, eftersom de tillbringade hela dagen på betet utan sällskap, men djuret behövde inte vara vackert för sitt arbete. Den behövde inte ha någon speciell fysik för att göra exakt vad den skulle göra. Herdarna var helt nöjda om djuret följde order och instruktioner, om det inte kastade oerfarna ryttare, t.ex. barn, av ryggen och om det inte sprang efter de mycket mindre fåren och boskapen.

I slutändan innebar detta att det behövdes en särskilt stor, disciplinerad och lugn varelse som dessutom var snabb. Hästar som dessa fanns dock inte i överflöd, vilket är anledningen till att mindre, normalstora hästar ibland användes för arbetet, särskilt om ryttarna tillhörde en mycket fattig familj.

Dessutom kan man säga att människor på 1600-talet inte alls brydde sig om hur hästen såg ut, vilka turneringsdugliga egenskaper den hade eller vilken färg pälsen eller håret hade. I de flesta fall spelade hästens kön ingen roll heller, eftersom Doma Vaquera i slutändan härstammade från en arbetsridning som kunde vara ganska hård och grov. Om den häst som köptes på en marknad var ens i grunden lämplig för detta arbete var man förr helt nöjd med den.

Denna aspekt har dock förändrats avsevärt under årens lopp. Senast när folk började inse att man kunde få ut mycket mer av dessa varelser än vad den egentliga arbetsridningen gav, behandlades och vårdades hästarna inte bara bättre, utan det utkristalliserades också mycket specifika egenskaper som en häst måste uppvisa för att få tillträde till den nybildade Doma Vaquera.

Idealisk fysik

Det går ofta inte att avgöra vilken hästras det rör sig om direkt vid första anblicken. På samma sätt som för hundar krävs det ibland en skriftlig och därmed tydlig stamtavla för att förstå om en häst verkligen är renrasig eller vilken blodslinje den kommer ifrån. För dagens Doma Vaquera är detta också särskilt viktigt, men när en ryttare går in i arenan eller ringen på sin vackert gjorda häst faller alla ögon först på honom och därmed naturligtvis också på hästen. Den första blicken är alltså alltid först på de olika parternas utseende, och därför är hästens utseende det första som vi talar om här också.

Detta avser uttryckligen fysiken, som för Doma Vaquera inte bara spelar en roll för det vackra utseendet, utan det handlar också om särskilda fysiska egenskaper som avgör om en häst är särskilt väl lämpad för denna klart svåra ridteknik, utan att vilja gå in på själva rasen.

Bland annat är det en outtalad regel att höjden för en särskilt bra Doma Vaquera-häst är 160 centimeter. Mätningen görs från marken till den högsta punkten på skänkeln, som för övrigt är den upphöjda övergången från ryggen till halsen på en fyrbent häst. Grovt sett, och som för de flesta djur, mäts den faktiska höjden upp till axlarna. Det faktiska måttet för hästar är 140-180 centimeter, och allt under 148 centimeter kallas ponny, vilket placerar en Doma Vaquera-häst i ett bra mellanläge. Tidigare var detta inte fallet, vilket framgår av det föregående avsnittet, eftersom man förlitade sig på hästar med en särskilt stor stamstorlek. Under tiden är dock ett bra genomsnittligt snitt idealiskt för denna graciösa ridstil.

Den faktiska höjden är därför inte längre särskilt viktig. Eftersom det är en outtalad regel betyder det bara att höjden bör vara cirka 160 centimeter, men det behöver inte vara så. Det är dock viktigt att hålla ett öga på detta, för för att få tag på en särskilt bra Doma Vaquera-häst är det oerhört viktigt att benen är så korta som möjligt, men desto starkare för det, och att hocken är särskilt kraftiga. Detta gäller inte längre för en individ som överskrider den angivna lagerstorleken. Det lönar sig därför att hålla ett öga på hästens faktiska storlek.

Mycket viktigare är dock det allmänna uttrycket. Här handlar det framför allt om de individuella egenskaperna och karaktärsdragen, som visserligen är relaterade till den aktuella hästrasen, men det är snarare individens karaktär som sådan som räknas här. Den måste vara särskilt uttrycksfull och skilja sig från de verkliga massorna. Detta är menat på så sätt att i en vanlig kür eller vid en hopptävling väljs hästar som visar topprestationer och knappast skiljer sig från sina motsvarigheter när det gäller karaktären. Doma Vaquera är däremot en fristil som fokuserar på särskilt goda karaktärsdrag.

Därför är det viktigt med ett uttrycksfullt huvud som består av följande egenskaper, som alla är inriktade på det allmänna utseendet: Stora ögon drar genast till sig alla blickar, liksom små öron och en särskilt fin och känslig mun, vilket även inkluderar ett snyggt underbett. En bred panna kan också bidra till ett allmänt och tilltalande utseende. Nacken ska vara högt placerad så att huvudet sticker ut proportionellt och den långa manen, beroende på vilken frisyr man väljer, är i bra höjd med resten av kroppen. I detta område är det också viktigt med en hög skänkel, som förbinder nacken med ryggen. Denna del av hästen bör därför vara framhävd, eftersom den inte bara ser vacker ut, utan också ger ryttaren ett bra grepp om ryggen. Detta gäller även den allmänna uppbyggnaden. Ryggraden ska vara rund och utpräglad eller bred, men i slutändan får djuret inte verka för massivt, annars förlorar man Doma Vaqueras graciösa aspekter.

Särskild uppmärksamhet bör ägnas åt hästens kam. Kammen är området ovanför svansens bas. En rundad kam är särskilt viktig här, eftersom den kan hjälpa ryttaren att hålla balansen genom att placera bakbenen under kammen, som också kan vara lätt lutande. Det gör tyngdpunkten mycket lättare. Även om vi inte vill gå in på de faktiska rasskillnaderna ännu, kan det nämnas här att man i vår tid bör undvika renblodiga araber i detta avseende, eftersom araber har en särskilt spetsig kam och en motsvarande hög svansuppsättning. Detta skulle göra den allmänna tyngdpunkten svårare i stället för att göra den lättare och mer balanserad.

De ganska små men kraftfulla benen har redan nämnts kort i det här avsnittet. Samma sak gäller för frambenen, som också ska ha starka leder, men som måste vara särskilt raka för att få ett graciöst och smidigt utseende när de står stilla. Detta innefattar även starka ligament och senor, som dock inte får vara alltför uttalade, så att hästen inte verkar för stark och därmed klumpig eller massiv. Viktigt är också de stora hovarna, som bör vara särskilt runda för att komplettera den allmänna bilden av hästen.

Innan vi diskuterar de olika hästraserna, som spelar en mycket speciell roll i vår tid, bör vi återigen tala om den faktiska, uttrycksfulla karaktären. Detta är viktigt eftersom dessa mentala aspekter också påverkar kroppens rörelser, för ju mer unikt sinnet är, desto mer unika eller individuella är hästens rörelser.

Fokus ligger här på en häst som är särskilt modig och därför inte drar sig för vågade manövrer. En häst som är modig har också ett uttalat självförtroende, vilket gör den allmänna gången och de rörelser som djuret utför särskilt unika. Med en sådan fristil kan man nästan se hur mycket hästen tycker om sitt egentliga arbete, som trots allt är väldigt annorlunda än dess egentliga ursprung. Dansen ska bli ett levande skådespel, som inkluderar ett särskilt stort hjärta, nerver av stål, kul och vilja att arbeta.

Detta innebär bland annat att en häst bokstavligen måste vara född för Doma Vaquera. Ingen häst och ingen individ vet hur man beter sig utan hjälp av en ryttare, särskilt inte på en tävling. Det går inte att välja vilken häst som helst med rätt egenskaper och rätt ras för att sedan omedelbart delta i en tävling. I stället behöver dessa exemplar också mycket speciell träning, men det kan observeras gång på gång att vissa hästar lär sig helt annorlunda och närmar sig situationer på olika sätt. När rätt häst har hittats och det finns en bra kontakt mellan ryttaren och fordonet är det viktigaste nöjet, som inte bara ryttaren upplever på den höga ryggen, utan även hästen. Det är just den här aspekten som man bokstavligen kan se, som gör Doma Vaquera-dansen så extraordinär.

Dessa nästan medfödda talanger omfattar bland annat aspekterna att hästen ska vara särskilt snabb och smidig, men också de distinkta reflexerna, en mycket speciell taktrenhet och även den allmänna balansen. Hästen måste vara mycket känslig och därför kunna hantera stressiga situationer, annars kan ryttaren inte vara hundraprocentigt säker på att den inte kastas av ryggen. Men en särskilt uttrycksfull häst måste också kunna vara rädd. Särskilt många ryttare som deltar i freestyle- eller hopptävlingar väljer hästar som är avtrubbade och därför nästan liknar maskiner mer än riktiga levande varelser.

Även om denna aspekt normalt tolereras, bör detta inte vara fallet med Doma Vaquera. Istället tillåts hästen att bli nervös då och då, för hur uttalat självförtroendet än är, så är hästen i slutändan fortfarande en levande varelse som inte kan klara av alla situationer. Det är därför en helt normal reaktion, som också kan ge pluspoäng, eftersom den övertygar om de faktiska karaktärsegenskaperna och det faktum att hästen i fråga är särskilt uttrycksfull och därmed mångsidig.

Även om denna rädsla är tillåten krävs det fortfarande en speciell inre balans som skyddar ryttaren från att bli allvarligt skadad. Detta gäller även reflexerna, som måste vara rent av livräddande, särskilt för en häst som rider i dansen i Doma Vaquera. Därför krävs det en särskilt god reaktionsförmåga. Detta var fallet redan på 1600-talet, eftersom inte ens en herde eller en ryttare alltid kunde vara särskilt förutseende. Terrängen i Andalusien, och därmed arbetsplatsen, var varierande och i mycket få fall tydlig. Detta är naturligtvis inte längre fallet i dag. Doma Vaquera utförs på en enkel nivå, eftersom även domarna och juryn är överens om att det annars skulle vara för farligt för ryttaren och även för hästen. Trots detta kan det alltid uppstå oförutsedda situationer där framför allt hästen måste reagera på rätt sätt.

Man kan därför säga att när man väljer rätt häst måste man vara uppmärksam på ett särskilt stort antal egenskaper, vilket kan vara lite överväldigande. Det är trots allt inte bara några egenskaper som en ryttare eller köpare av en häst måste ta hänsyn till. Det är därför förståeligt att ett sådant köp inte bara kan ske. Det tar mycket tid att verkligen lära känna djuret och att hitta rätt. Även efteråt kan en av dessa aspekter eller egenskaper ändras när som helst. Det är därför viktigt att bygga upp ett starkt band mellan ryttare och djur, för i slutändan kan man säga att mindre brister inte är värda att nämna.

Ett djur är fortfarande ett djur och därför allt annat än perfekt. Åtminstone hästar som till hundra procent följer reglerna och riktlinjerna i Doma Vaquera. Varje häst är i grunden annorlunda, så det är inte dåligt om individen saknar vissa förmågor eller om en egenskap är mer uttalad än den andra. Med rätt kontakt mellan ryttare och häst kan man åtgärda bristerna i kunskaperna. För detta är det också viktigt att ryttaren utstrålar rätt självförtroende, vilket i slutändan överförs till djuret. Detta skapar en ojämförlig kombination av vänskap och förtroende, vilket är mer än viktigt i denna mycket speciella ridning. För i slutändan är Doma Vaquera en dans full av glädje, vilket också åskådarna gärna ser.

Hästraser

Förutom den ideala fysiken, som är av stor betydelse särskilt i fristilen och som särskilt betonas i koreografin, är själva rasen inte oviktig.

Under århundradena har de faktiska målgrupperna förändrats mycket. Detta beror framför allt på att den faktiska ridningen har blivit en elegant dans som nästan inte har något att göra med den ursprungliga och gammaldags tekniken. Förr användes hästar av ren spansk ras, förkortat P.R.E. Idag är detta dock inte längre fallet. Det finns faktiskt flera skäl till detta, som också beror på olika åsikter. Bland annat krävs det en mycket mer graciös häst för dagens kür, men å andra sidan finns det också en mycket mer historisk historia.

I över tvåhundra år har hästar av spansk ras använts som hästar för att ta sig från en plats till en annan. Snart var detta inte bara vanligt bland herdar som var tvungna att förflytta sig snabbt över ojämn terräng, utan även i de städer som etablerades på 1700-talet spändes hästar till exempel på vagnar som sedan användes som transportmedel. Efter dessa tvåhundra år, i slutet av 1800-talet, kom de första bilarna i bruk. Dessa ersatte hästar i en hastighet som aldrig tidigare hade överskridits. Mycket snabbt insåg man att det inte längre var meningsfullt att använda en häst för tungt arbete med boskapshantering. I slutändan innebar detta att den rena spanska rasen nu uppföddes enbart för sin skönhetspotential.

Men det fanns faktiskt hästraser som kunde hålla jämna steg med de nya bilarna. Vid odling i Doma Vaquera-området läggs särskild vikt vid funktionalitet. Därför finns det mycket speciella raser som fortfarande är mycket populära på tävlingar i dag. Bland annat är det angloarabier och spansktarabier, men även så kallade Cruzados och motsvarande korsningar av dessa två raser, av spansktarabier och engelskt fullblod, är att föredra. Det är de så kallade Tressangres, de treblodiga hästarna, som uppföddes särskilt för det nu mycket mer graciösa arbetet med Doma Vaquera-hästarna under andra halvan och därmed i början av bilens era. Den verkliga bakgrunden till denna korsning var att uppfödarna korsade spanska ston med araber på grund av den plötsliga ökningen av efterfrågan på särskilt snabba, smidiga och lätta hästar för kavalleriet. Detta är bra eftersom en korsning mellan en arabisk hingst och ett sto av en annan ras alltid resulterar i renrasig avkomma från stoet. Endast hingstens och därmed araberns egenskaper överförs således till en andalusisk häst. För att förklara detta kan man säga att arabiska raser, oavsett om de är anglo- eller spansktalande, är särskilt renrasiga. Andalusier är däremot i regel särskilt mjuka djur som inte visar något särskilt temperament och därför inte är särskilt uttrycksfulla. De används snarare i dressyr, dock inte i en kür av Doma Vaquera-typ, utan snarare i turneringar, som syftar till en strikt föreskriven rutin och därmed också till mycket specifika rörelser som måste utföras till perfektion. Doma Vaquera, å andra sidan, kräver förvisso en häst som följer ryttarens instruktioner och ledning, men den kräver också ett särskilt uttryck, eftersom denna typ av dans är mycket friare och följaktligen kan man inom koreografin uppfinna egna rörelser och stegsekvenser. Den behöver därför en bra gång och ett särskilt kraftfullt utseende. Detta kan jämföras med ett uttalat självförtroende hos människor. Andalusier är inte särskilt uttrycksfulla individer, så de är inte självsäkra och föredrar att följa med. Araber å andra sidan, som är helt renblodiga, är mycket ambitiösa och därför självsäkra. De har en distinkt gångart, vilket är särskilt fördelaktigt i Doma Vaquera-kampsporten, eftersom den omedelbart drar till sig domarnas och juryns uppmärksamhet. Doma vaquera handlar i slutändan om samspelet mellan ryttaren och hästen. Att vara särskilt självsäker är därför inte bara viktigt för ryttaren, som på så sätt får särskilda pluspoäng, utan även för hans följeslagare. Naturligtvis handlar det inte om att hästen följer sin egen vilja. Koreografin bör för all del fortfarande hållas som den är krävd. Ändå uppstår en dynamik i denna kombination som sällan kan överträffas i dagens värld.

Korsningen av dessa två hästraser leder alltså till att avkomman av det lugna stoet förblir ganska lugn, lyssnar på ryttaren och låter sig ledas av honom, men genom den vissa delen av araben får denna avel slutligen ett uttalat självförtroende och därmed också ett uttalat utseende, utan att dock föra med sig de svåra aspekter som araben har, som till exempel det faktum att araben är ganska svår att tämja. Den renrasiga delen av stoet, som ärver hennes mjuka sida, syftar därför till att tämja djurets starka temperament.

När det gäller temperament spelar kön faktiskt också en inte helt oansenlig roll. För mer än trehundra år sedan var det huvudsakligen hingstar som valdes ut för att arbeta i Andalusiens berg, eftersom det sades att hingstar var särskilt starka individer som stod över stona. Under tiden kan man dock definitivt säga att detta inte längre är fallet. Om det inte finns något annat sätt är hingstarna också representerade vid turneringar i Doma Vaquera-området, särskilt eftersom det kan finnas positiva undantag. I övrigt ser man nästan bara ston, och det finns en bra anledning till det.

Hingstar är särskilt uttrycksfulla, men också mer än bara oförutsägbara. De har ett bra temperament och ett ännu bättre humör. Ston däremot är klart mer balanserade och mildare i sitt sätt att hantera ryttare, men även främlingar. Detta kan enkelt förklaras med hormonell balans. En valack och följaktligen en valackad hingst ses också med glädje på en utställning. Det är alltså inte enbart en fråga om kön, utan snarare om djurets hormonproduktion. Alltför ofta strävar hingstarna efter sina egentliga mål med detta, som i de flesta fall är helt hormonstyrda. De saknar koncentration, vilket kan ses särskilt hos ston, som inte är beroende av sin hormonbalans, eller hos valacker, som inte ens har möjlighet att tänka eller agera på ett hormonkontrollerat sätt. Detta är inte avsett att vara en anklagelse mot det aktuella könet, utan det handlar mycket mer om ryttarens säkerhet, men också om åskådarnas och hästens välbefinnande. Hingstar är svåra att bedöma och därför svåra att kontrollera. De är personer som man inte kan lita på till hundra procent eller till fullo. Oavsett hur livräddande reflexer man än har, om ryttaren inte kan lita på sitt djur kan man aldrig bygga upp den rätta dynamiken, vilket är mer än bara viktigt för en sådan kür.

Hingstar används därför oftare som arbetshästar. De är bland annat selade framför vagnar, men ses också vid hopptävlingar, där djuren inte har något annat val än att följa ryttarens instruktioner. Manliga hästar som ännu inte kastrerats kan också ofta ses vid tunga turneringar, till exempel när de drar särskilt tunga laster. Detta är inte bara en tävlingsform där olika ryttare har många olika åsikter om att hålla dessa djur, utan ett sådant program ses också ofta i hästtävlingar där dessa hästar ofta gör det som man tror är omöjligt möjligt. Hästar av hankön är särskilt eftertraktade här, eftersom de fortfarande har sitt temperament, som i många fall styrs av deras hormoner. Så snart dessa hästar inser att de är selade framför ett hinder som inte är så lätt att dra, ger de inte upp utan överträffar förväntningarna gång på gång och har för övrigt möjlighet att helt och hållet uttömma sig själva, vilket hingstar måste göra då och då, inte bara för att kunna sova i lugn och ro utan också för att kunna interagera lugnt med andra hästar och även med människor.

I mycket friare situationer, som i fallet med Doma Vaquera, är stona beroende av att de, som redan förklarats, vet att de måste koncentrera sig, trots dessa fria rörelser, eftersom farliga situationer mycket väl kan uppstå.

Även här kan det dock alltid finnas vissa undantag som överskrider maximalt antal och bästa prestationer. I grund och botten kan man dock säga att man antingen ska lita på ett sto när man köper eller på en valack eller en hingst som ska kastreras senare. Detta tämjer individens temperament enormt, särskilt eftersom den nyfunna koncentrationen också har en positiv effekt på hingsten i det allmänna livet, utanför utställningen.

Utrustningen

Den allmänna utrustningen är särskilt viktig i denna särskilda teknik, både för en *garrochista, dvs.* följaktligen för den gammaldags herden som tillbringade hela dagen i den brännande hettan på hästens rygg, och för den moderna *vaquero och* därmed för den nymodiga tävlingsryttaren, vars utrustning skiljer sig helt från den dåtida, eftersom den nu inte längre måste bäras hela dagen, utan egentligen bara i undantagsfall vid turneringar och tävlingar. En ryttarstudent som bara försöker ta sig in i Doma Vaquera kan bli ganska förvirrad av det stora utbudet och de många begränsningar som i slutändan finns när det gäller utrustning. Redan innan utrustningen köps in kan det uppstå mängder av problem. Dessutom finns det en rädsla för att göra ett felaktigt inköp, eftersom utrustningen ibland är ganska kostsam för både häst och människa. Att få rätt information i förväg kan därför vara svårt för många blivande ryttare. För att förenkla detta kommer nästa avsnitt att behandla just dessa frågor, så att det inte blir några felköp eller i värsta fall till och med diskvalificeringar i en turnering, eftersom särskild uppmärksamhet ägnas åt utrustningen när det gäller tävlingsliknande evenemang i Doma Vaqueras område.

Särskilt eftersom kläderna inte bara ska vara tilltalande på utsidan. Många ryttare bryr sig knappast om Doma Vaqueras historia, även om det kan vara ganska intressant att lära sig exakt varför dessa regler och restriktioner finns. Först och främst handlar det om bekvämlighet, men också om den allmänna användbarheten hos den överblivna utrustningen från 1600-talet, som fortfarande är mycket uppskattad i dag. Den har trots allt en mycket speciell betydelse i stolta turneringar, vilket är anledningen till att restriktionerna också har anpassats till den tidens pastorala era.

Därför skiljer man mellan den utrustning som ryttaren bär, som kan jämföras med hans allmänna kläder, och den utrustning som hästen bär, t.ex. sadel och tygel. Naturligtvis är Doma Vaqueras historia fortfarande viktig när det gäller utrustning, men man bör också komma ihåg att ridsporten har utvecklats mycket genom åren. Utrustningen har därför förbättrats i enlighet med detta. De allmänna tygerna har blivit av högre kvalitet för att skapa en bekväm känsla för både ryttare och djur, särskilt när det gäller arbetshästar. Detsamma gäller till exempel *vaqueros* kläder, som fortfarande påminner starkt om den tidens kläder och som därför är avsedda att ge ett mycket dåligt intryck. Dessa kläder är dock allt annat än billiga. För att minimera risken att göra ett felaktigt inköp kan blivande ryttare som vill ge sig in i Doma Vaqueras värld finna lämpliga riktlinjer.

I Doma Vaquera-området ägnas särskild uppmärksamhet åt ryttarens utrustning. Det krävs en speciell dräkt som måste anpassas till årstidernas färger. Dessutom tillåts endast specifika mönster som inte drar till sig för mycket uppmärksamhet. Detta beror på att doma vaquera fortfarande är en ridstil som gör det dagliga arbetet för herdar och ryttare lättare. Under tiden har det blivit en freestyle och därmed en dans mellan fordonet och ryttaren, men för att tänka tillbaka på den tiden och för att uppmärksamma det faktiska ursprunget, eller för att hedra denna gamla arbetsridningsstil, bär ryttarna vid t.ex. turneringar endast dämpade färger och vanligtvis kläder som inte behöver vara av särskilt hög kvalitet. Detta var trots allt inte fallet på 1600-talet, för mer än trehundra år sedan. De flesta människor levde under fattiga förhållanden och herdarnas kläder var i många fall sydda eller stickade av dem själva. Dessa saker skulle så småningom kunna undvikas när det gäller hög kvalitet. De pengar som en familj behövde för att vakta en boskaps- eller fårbesättning måste sparas till andra saker. Om ett sto till exempel inte blev dräktigt måste man köpa in högkvalitativa ridhästar - högkvalitativa när det gäller topprestationer och hälsa. Klädinnehavet föll ofta bort på samma sätt. Detta är alltså fortfarande fallet i dag. Endast kläder som liknar herdarnas gamla dräkter från tiden för den egentliga arbetsridningen är tillåtna vid turneringarna. Denna godkända dräkt kallas *"traje corto"*. Under vintermånaderna är mörka nyanser som grått, svart och brunt tillåtna, och under sommarmånaderna kan det också vara lite ljusare färger som äggskal eller beige. Ljusa och skrikiga färger är dock förbjudna, inte bara för att de inte passar in i den nedåtgående arbetsridningsstilen hos herdarna i Andalusien, utan också för att skrikiga färger skulle avleda uppmärksamheten från dansen mellan ryttare, häst och *garrocha*. Huvudfokus ligger på samspelet mellan dessa tre parter, starka färger skulle därför vara distraherande, vilket är anledningen till att fristilen inte skulle kunna framkalla den fascination och harmoni som den egentligen är avsedd för.

Förutom oansenliga färger är många mönster strängt förbjudna, eftersom det är just detta som kan tillämpas även här. Enkla mönster, som t.ex. hundsand eller smala ränder, är dock fortfarande tillåtna, men dessa mönster får endast finnas på ett plagg i *traje corto åt gången*.

Den egentliga utrustningen för ryttaren, eller *vaqueros, består* av byxor, skjorta, väst, jacka, zahones, skor och stövlar med tillhörande sporrar och en sombrero. Här skiljer man mellan manliga och kvinnliga ryttares dräkter. De kvinnliga ryttarna kommer dock att diskuteras mer ingående nedan, eftersom utrustning och kläder inte omfattas av lika strikta regler.

Det finns faktiskt mycket specifika regler för hur exakt vilket plagg som ska bäras, vilka variationer som finns, hur exakt knäppningen ska göras eller vilka accessoarer som får bäras till plagget.

Det finns två varianter att välja mellan: byxor med uppslag och byxor med snörning. I princip är dessa två plagg mycket lika varandra, men de bärs helt olika. Båda har inga fickor och är särskilt åtsittande och högt skurna. Båda har också knappar på insidan för att fästa hängslen och de bärs utan veck. Ett par byxor med uppslag är upprullade två gånger mitt på hälsenan, vilket avslöjar det vita fodret, precis ovanför stövlarnas ändar. Detta är ett ganska grovt och robust sätt att bära byxorna, vilket är anledningen till att det är vanligare att man vid turneringar ser de snygga byxorna, som kan bäras mycket elegantare. Namnet kommer från det faktum att dessa eleganta byxors knapphål är försedda med manschetter i horn eller silver. Även här är knapparnas placering särskilt viktig. Om byxorna har tre knapphål, ska alla tre knapparna klippas och knäppas. Om byxorna däremot har fem knapphål är det bara de två översta knapphålen som är knäppta, de tre nedre är öppna. Till båda byxorna bärs antingen ett färgat tyg eller ett svart skärp. Denna sedvänja kommer från det faktum att herdarna eller *garrochistas* från 1600-talet bar denna duk när de arbetade runt njurarna för att skydda dem mot kylan. Ursprungligen användes detta tyg för att knyta ihop jackornas knäppning så att de inte skulle flaxa så mycket i ridvinden. Förr drogs tyget genom det mellersta knapphålet.

Skjortan däremot, som bärs under kavajen, har mycket enklare regler. Det behöver bara vara vanligt och vitt. Följaktligen är varken volanger, mönster eller spetsar tillåtna. Kragen är strikt höghalsad och varje knapp måste vara putsad. Den enda regeln är att manschetterna måste sticka ut från kavajärmen.

Giletten bärs över en vanlig vit skjorta. En gilett är en tunn väst som alltid passar till kavajen. Det är ingen regel, men färgen på gylfen ska matcha färgen på jackan eller i bästa fall vara densamma. Samma sak gäller för materialet. Även här är alla knappar fastsatta. Vanligtvis finns det fyra eller fem trimmade knappar.

Traditionellt finns det tre typer av jackor i Doma Vaquera. *Guayabera, chaquetilla* och *marelles är* tillåtna. Den vanligaste *guayabera-modellen* vid turneringar är *guayabera med* uppstående krage och fem knappar som kan stängas, men oftast är det bara den översta knappen som är stängd. Sidorna på jackan är alltså öppna, vilket är anledningen till att *garrochistas* från Spanien band jackans sidor till byxorna med ett tyg. I samma stil, men för mycket mer festliga tillfällen, används en *chaquetilla*, som också har en vanlig krage. För mycket kallare situationer finns det också en fodrad vinterjacka, *Marelles, som har en* särskilt spetsig krage och även revers. Denna jacka bärs dock mycket sällan på tävlingar, eftersom den är mycket mer nymodig och inte längre liknar den gamla ridstilen.

I likhet med det svarta skärpet bar *garrochistas* zahones för att skydda sig själva. Zahones är dekorerade läderförkläden av tjockt läder, av den enkla anledningen att detta läder skulle skydda dem från törnen och grenar, men också från smuts eller tjurarnas horn som inte kunde passera genom dessa förkläden. Dessa läderförkläden syns sällan på dagens turneringar. De är förvisso en viktig del av historien, men i Doma Vaquera ägnar man särskild uppmärksamhet åt fotarbetet och detta försvåras av zahones. Eftersom de har ett historiskt värde ses de dock ofta på *ferier*, eftersom dessa läderförkläden också är dekorerade, bland annat, och därför ser mycket attraktiva ut. En *ferias är förresten* ett semesterbesök när turister, till exempel i Andalusien, får se denna gamla ridteknik som fortfarande används av *garrochistas.*

Skorna är särskilt viktiga för en *vaquero,* men de omfattas inte av lika strikta regler som resten av utrustningen. Det finns många olika skor och stövlar att välja mellan. Det finns bland annat den gammaldags *vaquero-skon*, en kort känga, en axelkänga eller till och med en ankelkänga. Här kan ryttaren släppa ut sin ånga på lämpligt sätt. Det är dock viktigt att skon ser tilltalande ut, eftersom stövlar alltid bärs tillsammans med välgjorda damasker. De är därför också ett mycket speciellt blickfång, vilket är anledningen till att domarnas ögon alltid tittar ner på fötterna först. Den här blicken är viktig eftersom man i Doma Vaquera ägnar särskild uppmärksamhet åt fotarbetet, och om blicken då automatiskt går längre ner är det ett mycket stort plus för *vaqueron*.

De högra sporrarna får inte saknas i skorna. Traditionellt används här hjulsporer, som numera är mer till för dekoration än för det egentliga arbetet bakom dem. Det är mycket mer sannolikt att detta görs med en piska, men traditionellt sett har en *garrochista* varken tid eller utrymme i händerna för att hålla dem i handen. På gammaldags vis används hjulsporre, som bärs direkt i hälhöjd och därmed är mycket lägre än vissa andra ridtekniker. Dessa kuggar är konstfullt fastsatta med vita, beige eller ljusbruna läderremmar, som spänns på insidan av stöveln men korsas på ett attraktivt sätt vid vristen.

Den sista accessoaren, som har ett mindre praktiskt syfte, är vanligtvis en sombrero, som måste matcha färgen på resten av kläderna. Du kan välja mellan svart, grått och brunt, men också beige. Brynet får inte vara böjt, utan brett och platt. Förr i tiden användes detta för att hindra solen från att skina rakt in i *garrochistans* ansikte. Följaktligen drogs också sombreron lågt ner, men idag kan den bäras på normal höjd. Vanligtvis måste sombreros fästas med en hakrem, eftersom ridvinden kan få hatten att flyga av huvudet under svängar eller galopper, vilket skulle vara ett särskilt stort visuellt minus.

Detta beskriver utrustning och kläder för en manlig *vaquero*, som också sitter i en manlig sadel. I princip talas det först om de manliga ryttarna här, eftersom det egentliga herdearbetet också utfördes av männen i familjen på 1600-talet. Fäderna började tidigt att ta med sina söner ut i Andalusiens vidsträckta landskap och lära dem rida, eller snarare hela familjens skatt. I dag har dock detta gamla sätt att tänka ingen betydelse längre. Ibland är det fortfarande så att manliga ryttare föredras av vissa domare, eftersom en kvinna på hästryggen inte har någon historisk bakgrund, åtminstone inte i området för Doma Vaquera.

Trots detta får nu även kvinnor delta i dessa turneringar och har nått stora framgångar under de senaste åren.

Det är dock lite svårare att klassificera deras kläder och utrustning, eftersom det traditionellt sett inte finns några historiska kännetecken. Man kan dock säga att en kvinnlig *vaqueros* kläder skiljer sig åt på två sätt, och det är just dessa sätt som kan bestämmas utifrån sadeln och ridstilen. Om en kvinna rider i en herrsits och därmed på en herrsadel behandlas hon på samma sätt som de manliga ryttarna i turneringen. Därför bär hon samma kläder och bedöms på samma sätt. Om ryttaren bär en sidosadel, som kallas *la Amazona på* ridsportspråk, bär hon också *traje corto och* därmed en *garrochistas* standardutrustning, men med en kjol i stället för byxor. Färgerna förblir desamma, men det går inte att nämna någon exakt typ av kjol här, eftersom det inte finns några referenser till den.

Många kvinnor har därför svårt att delta i Doma Vaquera-turneringar eftersom de inte bara kan följa en regel. I stället är det viktigt med intensiv forskning och att tidigt fråga domarna och juryn vad de skulle föredra om deras namn var offentliga. En kvinnlig ryttare kan också rådgöra med andra kvinnliga *vaqueros som* redan har deltagit i sådana turneringar och som därför kan följa denna svåra klädkod.

I grund och botten motsvarar *traje corto* dock ett enkelt gammaldags system. Flinka färger och mönster är inte tillåtna, inte heller smycken. Det är ändå så att smycken inte bör bäras under någon idrottsaktivitet, eftersom de kan leda till allvarliga skador. Örhängen kan slitas ut eller en kedja kan fastna i ett föremål, och särskilt om kedjan inte ger efter kan det vara mycket smärtsamt - särskilt eftersom det förr inte fanns några smycken som bars aktivt, särskilt inte bland fattiga herdefamiljer i Andalusien. Samtidigt kan ridsportutrustning bli särskilt dyr när det gäller turneringar och freestyle. När färger är inblandade kan denna summa öka särskilt mycket. Doma Vaqueras *traje corto* motsvarar dock ett mycket dåligt system. Allt ser ut som om det skulle kunna vara tillverkat av en själv, av läder eller olika tyger. Det är precis vad en blivande ryttare alltid bör tänka på. Kostymen ska vara av hög kvalitet, men den ska vara enkel, så att kläderna inte distraherar från själva tekniken. En *vaqueros* utrustning är snarare ett tillbehör. De är verktyg som liknar *garrocha,* men huvudfokus ligger fortfarande på tekniken, på ryttaren och hästen.

Hästens utrustning

Standardutrustningen för Doma Vaquera-hästen består av följande: Den behöver rätt tygel, *serreta* och sadel. I slutändan handlar det om betydligt färre komponenter än för ryttarens utrustning, men även här måste man vara uppmärksam på vissa viktiga egenskaper.

Även när det gäller enbart bryggan finns det olika metoder. Doma Vaquera-hästen rids i princip med två olika tyglar som kallas *cabezadas*. Man skiljer på Sevillana- och Jerezana-ryttningen.

På båda tyglarna finns ett pannband, som kallas *mosquero* och på vilket det finns femton läderfransar, som är inarbetade i pannbandets läder och ligger på motsvarande sätt över huvudet och särskilt över hästens ansikte. De nämnda läderfransarna går hela vägen under näsbandet. Den är inte bara snygg och har designaspekter, utan tjänar främst till att hålla flugor och myggor borta från hästens ögon- och munområde. Normalt sett är det just detta som den öppna manen är ansvarig för, vilket skyddar hästens ansikte. I Doma Vaquera är håret flätat eller knutet, precis som det brukar vara fallet i dressyr. Denna skyddande del av manen, som hindrar flugorna från att slå sig ner på särskilt känsliga områden, finns alltså inte längre. Detta är precis vad läderfransarna är bra för, särskilt som det dessutom är praktiskt för bedömningen av fristilen, eftersom domarna bättre kan känna igen stegets allmänna taktrenhet utifrån vibrationerna från dessa femton läderband.

Dessa *mosqueros* kan också vara konstnärligt utformade vid turneringar, eftersom manen också tas om hand med särskild uppmärksamhet. Dessa kan därför vävas med hästhår eller med avancerade silkestrådar, vilket resulterar i ett uttryck som varierar från häst till häst, vilket trots allt är särskilt viktigt för Doma Vaquera.

Mosquero kan ses på båda tyglarna, men den andra skillnaden är att de sitter olika på hästens huvud. I de flesta fall består ett tygelband av ett pannband, spända kindstycken och ett näsband eller en struplucka. Generellt sett består *Sevillana-ryttningen* av ett pannband, ett kindstycke med spännen på båda sidor, samt både en struplucka och ett näsband. *Jerezana-ryttningen* däremot har ingen halslås alls och kindstycket är endast spänt på vänster sida. Eftersom skillnaderna inte är särskilt stora är det upp till ryttaren att avgöra vilket av de två alternativen som ska väljas. För närvarande handlar det helt klart mer om komfort än om det allmänna utseendet.

De här olika slingorna kan båda kombineras med *serreta.* En *serreta* måste dock användas på ett skickligt sätt, eftersom den i slutändan bara är ett hjälpmedel som används som komplement till tyglarna för att lära djuret rätt huvudställning. I allmänhet rids unga hästar med fyra tyglar, medan vuxna hästar rids med endast två tyglar, som i fallet Doma Vaquera hålls med en hand. Dessa tyglar fästs vid trottoaren, som sitter i hästens mun. Med ett bett av järn, som Doma Vaquera, kan man tidigt lära djuret att hålla huvudet lågt och därmed vara särskilt elegant vid turneringarna. Särskilt oerfarna hästar har sina problem i detta avseende och även en oerfaren ryttare vet inte riktigt hur man ska hantera en sådan situation. För just dessa tillfällen finns den tidigare nämnda *serreta,* som dock på grund av kontroversiella tankegångar inte välkomnas av många erfarna ryttare.

I de flesta fall består en *serreta av* en halvcirkelformad metallstång med små tänder eller knoppar på insidan. Det är just denna insida som vilar på hästens nosrygg. Ridningen sker med två tyglar och tanken är att hästen med tillräckligt tryck på näsryggen kan få hästen att förstå att den ska hålla huvudet på ett annat sätt. De som använder detta hjälpmedel på rätt sätt förstår att det inte är smärtsamt för djuret. Det är lite obehagligt i början på grund av de små tänderna på insidan, men när hästen följer trycket och dragningen försvinner just den obehagliga känslan igen. Det är ett enkelt stimulus-responssystem som gör att djuret tidigt lär sig att hålla huvudet rätt så att det inte behöver korrigeras på ett svårt sätt vid senare ålder.

Det finns alltså inget egentligt fel med denna teknik. *Serretas* dåliga rykte beror på att vissa ryttare, särskilt i Spanien, inte förstår att detta hjälpmedel måste användas med försiktig hand. I stället kan man gång på gång se hästar som har riktiga ärr från de små tänderna, som bara kan bli riktigt smärtsamma eller orsaka riktiga skador om man tydligt använder våld.

I princip utförs Doma Vaquera med en sådan *serreta,* som styrs med en mjuk hand. I slutändan är detta en bra idé, för genom att använda en metallbåge som ligger på näsans brygga kan den känsliga munnen skonas, som inte blir okänslig, vilket kan vara fallet med metallbeten. Här, liksom i Doma Vaqueras grundövningar, krävs rätt känslighet för att ha hästen helt under kontroll, men i en känslig dans och inte med ett särskilt grovt grepp.

Förutom de allmänna mankreglerna och preferenser för utformning och utseende i detta avseende, ägnas särskild uppmärksamhet åt sadeln i Doma Vaquera-området.

När man väljer rätt sadel skiljer man i allmänhet mellan engelska sadlar och iberiska sadlar. Engelska sadlar är dock inte bara de sadlar som tillverkas i England och bärs där, utan det är en allmän term för den stil av nymodiga sadlar som kan ses vid turneringar idag. De iberiska sadlarna är å andra sidan mycket större och klumpigare än de smala engelska sadlarna, vilket är anledningen till att de ibland inte har låga materialkostnader.

I Doma Vaquera-området är sadeln en av de iberiska sadlarna. Den kallas *Vaquero-sadel* eller *Silla Vaquera* eller *Albadón Jerezano,* bland andra namn, precis som för bridgetekniken.

Generellt sett skiljer sig dagens sadlar framför allt åt genom sitt utseende. Den engelska sadeln är särskilt smal och tillverkad av elegant läder, men det gör den inte heller särskilt bekväm och därmed hård. *Vaquero-sadeln* är däremot särskilt mjuk, särskilt när den har blivit ordentligt inkörd. Den är dock inte direkt billig, särskilt som många andra aspekter bör beaktas innan man bestämmer sig för att köpa en original iberisk sadel som är särskilt gammal och därför i de flesta fall har burits mycket.

Den iberiska *Vaquero-sadeln* kan inte beskrivas som särskilt modern, åtminstone inte de gammaldags och därmed verkligt originella iberiska sadlarna. Istället är det just det: gammaldags, men mer än bara praktiskt. Herdarna i de höga bergen i Andalusien tillbringade timmar, ibland flera dagar, i dessa sadlar. Därför måste de inte bara vara särskilt hållbara - sadlarna var ganska dyra redan då - utan sätet måste framför allt vara bekvämt, både för ryttaren och för hästen. Rent praktiskt var detta inte för att man ville underlätta *vaqueros* arbete på de besvärliga slätterna, utan främst av säkerhetsskäl. Det var inte ovanligt att ryttarna var tvungna att göra djärva manövrer tillsammans med sina hästar, till exempel för att återfånga ett rivigt ungt djur. Att i detta ögonblick behöva kämpa med en obekväm sadel, som i längden kunde bli smärtsam, var därför mer än bara farligt för både ryttaren och hästen, eftersom det krävdes högsta koncentration av båda parter, vilket kunde försämras av en obekväm och därmed smärtsam sadel. Iberiska sadlar var därför ofta utrustade med mjuk päls eller ull, vilket förbättrade ryttarens sits, men också gjorde det lättare för hästen att bära den tunga lasten.

I dag kommer *vaquerosadeln* från den arabiska regionen och är följaktligen en kvarleva från morernas åttahundraåriga styre. Själva sadeln kan väga upp till tjugotvå kilo, är alltså betydligt tyngre än en vanlig engelsk sadel och har ett relativt stort stöd. Detta är inte bara särskilt bekvämt för ryttaren, som tidigare satt på denna sadel hela dagen, utan den stora ytan är också särskilt skonsam för djuret. Vikten fördelas över en mycket större yta och därmed jämnare, och är alltså inte bara fördelad på en enda punkt.

Den vanligaste sadeln i Spanien är *Silla Vaquera*. I de flesta fall måste den vara skräddarsydd så att vikten kan förflyttas optimalt. Den har inget sadelträd, vilket skulle göra den allmänna sätesytan hårdare. Istället är sätet särskilt mjukt och anpassar sig perfekt till hästens rygg efter inkörning eftersom det inte finns något sadelträd. Därför är *Silla Vaquera* inte bara anpassad till ryttarens vikt, utan också en mycket individuell sadel för hästen.

Sadlarna är dock likartade i sin allmänna konstruktion. Bland annat är sadelns framgaffel alltid täckt med Campo-duken och Manta Estribera, där man i många fall har ritat eller graverat ryttarens eller uppfödarens initialer eller direkt signatur. Detta visar än en gång hur skräddarsydd en sådan sadel faktiskt måste vara. Sedan urminnes tider har campotyg tillverkats av bomull, som skyddar ryttaren mot kyla, men också mot regn och hästsvett, som dras upp av ullen. Själva stigbyglarna är tillverkade av patinerat järn, har en triangulär form och väger därför cirka två kilo styck. Detta gör stigbyglarna till box stigbyglar. Formen gör att hela ryttarens fot täcks, vilket i sin tur skyddar honom från tjurattacker, vars horn kan orsaka förödande skador. Även hälen är helt täckt.

En original *Silla Vaquera* är traditionellt tillverkad av pressad halm, som sys mellan säckväv och läder i mitten av flera så kallade ribbor. Detta gör sadeln särskilt anpassningsbar under lång tid, eftersom den inte innehåller några hårda komponenter. *Silla Vaquera är* också mjuk eftersom den är nästan helt täckt med lammskinn. Endast *konka* lämnas ut, vilket gör att skalet på bakfoten är fritt. Detta lammskinn kallas *zalea*. Pälsöverdraget håller ryttaren och djuret särskilt varmt, men gör det samtidigt bekvämt att bära eller sitta på. Under *zalea* finns också en lång grimma som är fäst vid en ring, som är 170 centimeter lång och som spänns en gång runt hela hästens mage. Den här läderremmen fästs på andra sidan av sadeln, också under skinnöverdraget, men här med ett kortare remstycke och med ett spänne. På samma sätt som femton läderremmar hör till hästens brynja, hör en svansrem i läder också till sadeln.

Silla Vaquera är alltså en produkt som är avsedd för lång sikt och som naturligtvis har tillverkats med just detta i åtanke. Den här sadeln är dock inte särskilt lämplig för unga djur, som skulle växa permanent och deformera sadeln i enlighet med detta.

I stället är *Silla Española* också tillåten i respektive kategori för unga hästar. Sadelklaffen på just den här sadeln är gjord av läder och är rund, vilket är anledningen till att den tydligt liknar den egentliga engelska dressyrsadeln mer än *Silla Vaquera*. Ändå är både de bakre och främre kuddarna upphöjda, vilket är anledningen till att denna sadel skiljer sig visuellt mycket från de engelska sadlarna. Istället för att vara under lammskinnet är spännena för sadelgjord och stigbygel under själva sadelklaffen och inte ovanför den, vilket är fallet med Silla *Vaquera*. Den här sadeln har också ett skinn, men det gjordes mer för att skydda sadeln året runt än för att vara riktigt bekvämt för ryttare och djur.

Denna speciella sadel har sina egna stigbyglar, som har en rundad form i stället för att likna en triangel, och som också är mycket tyngre än vanliga boxpinnar. Dessa byglar fästs separat och har en särskilt stor kontaktyta. Slutligen har en *Silla Española* också en enkel läderremsa, som endast finns på sådana hjälpsadlar. Detta för att förhindra att överdraget slits, vilket orsakas av att ryttarens ben gnider mot sadeln i benställningen. Sådana hjälpsadlar är ganska hållbara, eftersom de inte deformeras lika lätt som den normala *Silla Vaquera*. Därför är de lämpliga för många olika unga djur som tränas för att bli riktiga Doma Vaquera-hästar.

Varje ryttare bör vara medveten om att dessa skatter är kulturella kvarlevor och därför har ett mycket speciellt historiskt värde, som knappast är överkomligt i dagens värld. Bortsett från det historiska värdet är det dock få ryttare som förstår varför det går åt så mycket pengar för att tillverka en sådan sadel. I slutändan är en original *Silla Vaquera* tillverkad av pressad halm, som faktiskt kan hittas i vilket stall som helst och som därför inte borde vara av stort värde. Vad som glöms bort är den kulturella tillgång och de veckor av manuellt arbete som ligger bakom denna enkla bit historia.

Dessutom är dessa sadlar bekväma eller bör vara bekväma. De är också särskilt skonsamma för hästens rygg. Denna kvalitet har ett mycket speciellt pris, till skillnad från t.ex. engelska sadlar, som tenderar att avvika från hög kvalitet och i många fall är allt annat än bekväma.

Det bör dock sägas att det inte är någon bra idé att köpa en ny, självskräddad *Silla Vaquera*. Det finns faktiskt flera skäl till detta. I Doma Vaquera är sadeln minst uppmärksammad. Det kan finnas en del kommentarer om det, men i slutändan finns det helt klart viktigare idealiska mätningar att genomföra. Därför bör man inte lägga den största vikt vid sadelns utseende. Dessutom är tanken på komfort för ryttaren och hästen ädel, eftersom båda parter kan visa bättre prestationer, men en original *Silla Vaquera*, som köptes helt ny, måste vara inövad under lång tid - ibland räcker inte ens några månader.

Exakt detta kan man läsa i många rapporter från entusiastiska ryttare som åkte på semester till Spanien och satt där på en otroligt bekväm och mjuk *Silla Vaquera*. Efter en lång tids övervägande bestämde sig dessa människor för att köpa en sådan sadel, skräddarsydd, av motsvarande hög kvalitet och ny. En förmögenhet investerades i den här sadeln, som levererades från utlandet och kom fram nästan lika hård som en sten. I väldigt många fall är kvaliteten god, det är trots allt ett verkligt kulturarv som tas på allvar, men sadeln har ännu inte blivit inkörd. I Spanien eller på särskilda semesterorter används dessa sadlar flera timmar varje dag av många olika personer med olika kroppsvikt, och därför är de ofta redan inarbetade efter en kort tid. Dessutom är det just dessa sadlar som har sina egenheter och fel, eftersom de har använts i många, många år. Sadlarna är trots allt gjorda för att hålla i årtionden och även för att kunna gå vidare till familjens barn.

Därför kan man säga att en begagnad sadel inte bara är betydligt billigare än en specialtillverkad sadel. Sadeln bär sig också mycket bättre. Naturligtvis kommer den att vara något missformad under de första veckorna, om man beslutar sig för att köpa en sådan individ, eftersom sadeln har burits av många andra hästar tidigare. Den måste därför först anpassa sig till den aktuella hästens rygg, vilket kan ta tid, men i slutändan har sadeln redan blivit inarbetad och är följaktligen mjuk och skonsam för ryttare och häst. Särskilt eftersom de begagnade iberiska sadlarna fortfarande motsvarar samma varor, men i slutändan är de helt enkelt begagnade, vilket i det här fallet dock kan vara en stor fördel.

Hästens utrustning är alltså lika viktig som ryttarens. Ryttarens utrustning är dock främst anpassad till utseendet, eftersom den måste följa särskilda yttre riktlinjer som hedrar det kulturella arvet från 1600-talets herdar. Hästens utrustning är dock framför allt funktionell och praktisk. De femton läderremmarna på djurets ansikte hindrar flugor från att komma åt känsliga områden, eftersom mycket lite av håret faktiskt kan slitas ner och öppnas. Sadeln är bekväm och passar exakt in i hästens ryggform. Och även de många olika bryggorna är gjorda för att göra det som kan vara ett svårt arbete lättare för hästen. Allt detta tjänar i slutändan till att avlasta både häst och ryttare så att båda parter kan koncentrera sig på det egentliga målet. För att uppnå detta krävs mycket speciella reflexer som inte bara kan läras in från en dag till en annan. Dessutom kan dessa reflexer vara livräddande eller var livräddande för flera århundraden sedan. För att framför allt hästen skulle kunna koncentrera sig ordentligt måste man se till att den inte stressades av yttre påverkan. Detta gällde även sadeln.

Fram till idag har detta inte förändrats. Doma Vaquera är en särskilt fri typ av dressyr som hålls ihop med mycket skoj och kontakt. Det är precis vad den är tänkt att visa. Därför är det logiskt att denna mycket speciella dansakt underlättas för djuret, men också för ryttaren, så att både åskådarna och deltagarna själva kan njuta av den till hundra procent.

Turneringar och evenemang

I den här boken kunde man lära sig exakt vad Doma Vaquera är och vilken utrustning som krävs för både ryttare och häst. Många unga ryttare som lär sig detta kommer snabbt att upptäcka att det är en mycket speciell känsla att föra vidare det de lärt sig och att visa upp sig. Sedan urminnes tider, efter att man på 1800-talet hittade mycket bättre uppgifter för Doma Vaquera-hästarna än att bara bära herdarna i höga berg, har denna speciella teknik varit populär vid turneringar. Denna ridstil erövrade snabbt de nordligare länderna som en storm, innan den traditionella Doma Vaquera blev den västerländska ridning som vi känner till i dag.

Trots denna urgamla teknik, vars ursprung kan spåras tillbaka till stolta herdar som tjänade sina pengar på dessa djur, blev den så småningom en dressyr som vanligtvis visas upp inför många människor. Det är en otrolig känsla att visa upp frukterna av det hårda arbete som denna speciella ridteknik kräver för andra människor och att få berömmelse och erkännande. Viktigare än så är dock det faktum att det gamla sambandet mellan människa och häst, som det var på 1600-talet, fortfarande upprätthålls och visas på motsvarande sätt. Den tidens herdar hade ingen att visa sina inlärda tekniker för. Deras vänskap med hästarna, som de bar på ryggen hela dagen, oavsett hur dåligt väder och hur farlig terrängen fortfarande var, hölls hemlig, eftersom det inte var något annat än en fungerande ridteknik.

Under tiden är detta dock inte längre fallet. De hästar som tränas i Doma Vaquera har endast i mycket sällsynta fall sina ryttare med sig för att driva andra djur. Det finns fortfarande några gammaldags *garrochistas som* visar turisterna de gamla stigarna i Doma Vaquera, till exempel, vilket fortfarande är fallet i Spanien idag, men i slutändan har denna arbetande ridstil blivit en dans.

Det är just den dansen som ska visas. Det har blivit ett skådespel, en föreställning för att underhålla åskådarna. Freestyle är tänkt att ses, och det är det som många ryttare i synnerhet utgår ifrån, som verkligen strävar efter det - inte för berömmelse och erkännande, som förvisso läggs till, eftersom denna teknik är verkligt fascinerande, men mycket mer för att Doma Vaquera-ryttarna ska inspirera människor, antingen i tyst fascination eller i högljudda applåder.

En ung student som försöker ta sig in i detta extraordinära område kommer mycket snabbt att leta efter tävlingar, turneringar och till och med förebilder. Det är inte alltid lätt att söka. I slutändan är ingen turnering inom doma vaquera lik den andra, eftersom det är en särskilt fri teknik. Det är däremot ganska lätt att hitta en turnering inom allmän freestyle eller dressyr. Den kräver en strikt sekvens av steg och exakta rörelser, som vanligtvis är föreskrivna. Målet med dessa turneringar är alltid att uppnå toppprestationer och perfektion. Doma Vaquera är däremot annorlunda, så turneringarna är inte så lätta att hitta. För att göra det lättare för dem som vill visa hur mycket frukt deras hårda arbete bär, listas några turneringar nedan, liksom mer privata evenemang där ryttare och hästar kan visa hur mycket de är i harmoni. Man får inte heller försumma de berömda företrädarna för Doma Vaquera.

Det första man måste förstå är att Doma Vaquera inte bara är en dressyrhäst och att det därför är mindre troligt att man hittar den på strikta dressyrtävlingar. Detta har redan en historisk bakgrund. Medan de första dressyrridningarna och motsvarande prisutdelningsceremonier ägde rum för flera hundra år sedan, oftast vid hovet eller i kungliga slott, var doma vaquera tillgänglig för de fattigare klasserna. Eftersom dansen var friare och de normala dressyrriktlinjerna inte gällde, var man tvungen att skapa helt nya tävlingsformer. Allt började med mindre tävlingar bland herdarna själva, men doma vaquera blev officiellt förklarad som en tävlingsdisciplin 1978. Den allra första turneringen ägde rum 1963, men med endast en startspelare. Just den här startpunkten ledde till en enorm våg. De första tävlingarna ägde rum 1971 och var då fortfarande helt inofficiella. Detta ändrades sju år senare när Doma Vaquera blev en officiell turneringsdisciplin i enlighet med reglerna.

Det finns i princip två klasser i dessa tävlingar: unghästklassen och den tunga klassen, som omfattar alla hästar som inte längre betraktas som ponnyer och som därför är högre än 148 centimeter. Här mäts de från axeln till marken. Detta ger ett mycket större utbud än vad som är fallet i de många olika dressyrklasserna. Här delas hästarna in efter längd och vikt, så att alla får en rättvis chans bland kandidaterna.

Att så inte är fallet i Doma Vaquera beror på att reglerna är mycket friare och att det dessutom främst är uttrycket som räknas. En liten häst som knappt är längre än en riktig ponny och som till exempel har en statur på 149 centimeter kan vara lika uttrycksfull som en större häst som har 180 centimeter till axeln. Det bör dock nämnas att den genomsnittliga storleken på Doma Vaquera-hästarna fortfarande är cirka 160 centimeter vid skänkeln, och det finns en bra anledning till det: proportionerna för en fullvuxen ryttare stämmer och den här storleken ser särskilt elegant ut.

Så, som i alla ridsporttävlingar, oavsett hur bra hästen är och oavsett hur mycket den uppfyller riktlinjerna, finns det i slutändan ingen genväg för att komma in i rätt tävling.

Inom dressyren - denna jämförelse används här för att förenkla det allmänna klassystemet - börjar varje ryttare smått en gång. För att ta sig igenom de olika klassturneringarna måste man först börja i botten. I grundläggande dressyr, liksom i hopptävlingar, kallas den lägsta klassen för nybörjarklass och är markerad med bokstaven E. Vem som helst kan delta i dessa nybörjartävlingar, vanligtvis tävlar även små barn här. Den som har avslutat en sådan turnering, oavsett placering, kan redan nu avancera till en högre rang. I dressyr är detta A-klassen. Nybörjarklassen är bara till för att deltagarna ska förstå hur en turnering är uppbyggd. De har deltagit och förstår därför riktlinjerna och reglerna. Det är därför som den allmänna placeringen i klass E är helt irrelevant. Det handlar bara om att lära känna denna nya miljö, för i slutändan är den första tävlingen en utmaning och ett hinder för den unga ryttaren, men också för hästen, som först måste övervinnas innan de kan börja i denna nya, stora, men framför allt också okända värld.

De faktiska placeringarna finns endast i den högre klassen A, som åtminstone i dressyr och därmed även i Doma Vaquera kommer direkt efter nybörjarklassen. Men även här är placeringarna inte det enda viktiga. Från och med nu är målet att samla in så kallade rider badges. En högre placering ger ryttaren fler märken än om han eller hon placerar sig längre ner i rankningslistan. Att bli vinnare i en av dessa turneringar är alltså definitivt en stor milstolpe och önskvärt, men i slutändan räcker det inte för att gå upp i en annan klass. Istället måste man samla in en massa märken. Detta system med märken är dock mer likt ett enkelt poäng- eller stämpelsystem. Det är inte nödvändigt att samla in materiella märken, till exempel i form av medaljer, som sedan kan visas upp i en stor låda till styrelsen för en högre turnering. Istället är det stämplar som placeras på ett enkelt dokument, varvid många ryttare och även turneringar numera helt avstår från detta gammaldags sätt att kontrollera och istället väljer vägen via onlineformulär, som också kan sökas på nytt med samma antal poäng om ett fysiskt dokument skulle gå förlorat.

I slutändan kan detta poängsystem användas för att avancera i de enskilda turneringarna. Detta system är så viktigt inom ridsporten eftersom den inte kan jämföras med ett enkelt spel, som till exempel fotboll eller volleyboll. Träning är naturligtvis viktigt även här, men i mästerskap antas de enskilda spelarna på grundval av sin förmåga och inte på grundval av sin faktiska erfarenhet. Det är trots allt två olika egenskaper som ibland kan utvecklas oberoende av varandra. Många fotbollsspelare som spelar i VM och tränar sitt land i enlighet med detta är fortfarande mycket unga och har därför inte hunnit skaffa sig mycket erfarenhet, men vissa av dem är så bra att man kan anta att de bokstavligen är födda för att spela. Detta fenomen finns naturligtvis också inom ridsporten. Vissa hästar är helt enkelt gjorda för att tävla, och många ryttare har helt enkelt en otrolig kontakt med djuren som andra helt enkelt saknar. Trots detta är ridsport, oavsett om det är dressyr, hoppning eller doma vaquera, en träningsidrott som inte bara kan jämföras med ett spel. Teamet bestående av ryttare och häst kan vara hur bra som helst, men i slutändan finns det ingen kort väg till de högre klasserna. En person som alltid placerar sig högre i de enskilda turneringarna kan naturligtvis samla in många märken på kortare tid än vad som är fallet med t.ex. en person som precis har kommit in i denna klass och därför ännu inte placerar sig så högt på grund av bristande erfarenhet. Men det finns inget sätt att kringgå detta poängsystem och därmed den erfarenhet som ska visas upp, vilket är biljetten till en mycket svårare sport.

Dessutom spelas spelet inte bara med en boll som kan sparkas fram och tillbaka mellan lagets spelare, och därför behöver man inte alltid ha en särskilt lång erfarenhet. Inom fotbollen till exempel har de som är bra från början särskilt goda chanser att avancera. Inom ridsporten finns det dock inte bara en person som spenderar sin tid med att sparka bollar fram och tillbaka, utan personen sätter all sin tillit till en varelse, ett djur, som inte sällan är mellan tre och fem gånger så tungt och följaktligen också betydligt större än den faktiska ryttaren. Hela förtroendet läggs därför i detta ögonblick på ett vilt djur som också kan göra ett misstag när som helst. Det är inte en boll vars rörelser kan ändras av fysiken. På Doma Vaqueras område har detta djur ofta inte precis lite temperament, vilket i slutändan önskas av uttrycksskäl.

Här blir det återigen tydligt hur viktigt det är för en ryttare att skaffa sig mycket erfarenhet tillsammans med sin häst innan han går in i en högre klass. Ibland kan det inträffa incidenter och olyckor som kan skada inte bara djuret utan även ryttaren, som inte står med fötterna på marken utan på ryggen av ett ofta oberäkneligt djur.

Varje ryttare börjar därför längst ner i nybörjarklassen och klättrar sedan uppåt i graderna. I Doma Vaquera är detta lite annorlunda, eftersom reglerna är mer avslappnade och det inte finns några fastställda klasser, utan dessa bestäms av de enskilda sponsorerna själva. I illustrativt syfte kan du dock se de enskilda graderna som finns inom dressyren. Det börjar i nybörjarklassen och fortsätter sedan uppåt genom A och L till M och S. Enskilda Doma Vaquera-turneringar har ett liknande men enklare system. Klubbarna med sponsorer bestämmer helt enkelt själva i vilken klass den aktuella turneringen är belägen, men den måste ändå starta i E-klassen. Men hur kan man hitta denna nybörjarklass eller hur kan alla ryttare anmäla sig till en turnering?

Detta kan faktiskt vara ganska svårt ibland. Det är ju inte så att man kan boka en tid för registrering med ett klick i webbläsaren, som till exempel när man letar efter en läkarmottagning. Istället måste man först förstå att internet inte kommer att hjälpa dig att hitta en turnering. De flesta turneringar är privata och kan endast delta på begäran. Därför är det inte så lätt att hitta några turneringar. Det finns till exempel inga flygblad i snabbköpet för nybörjarryttare som letar efter en nybörjarturnering. Internet kan säkert ge svar på vissa frågor. Bland annat finns det ofta spelscheman för offentliga turneringar för de kommande två åren som man relativt enkelt kan se. En smart ryttare kommer dock att inse att dessa turneringar kräver många ridmärken och är offentliga. De som inte bryr sig om detta bör känna sig fria att delta var de vill, även om det bör sägas att dessa turneringar vanligtvis inte ger lika många märken för ryttarens insats som mer privata evenemang gör. Här är det alltså värt att titta lite längre och välja den privata leverantören i stället för att delta i många offentliga turneringar efter varandra utan att nå någonstans när det gäller märken. Dessa turneringar kan inte heller betraktas som turneringar, utan snarare som enkla tävlingar.

Turneringar är i stället alltid evenemang som anordnas av privata klubbar. Dessa klubbar samarbetar med sponsorer och gör reklam, men bara för utvalda målgrupper, särskilt unga ryttare. Denna reklam skiljer sig mycket från den tv-reklam som vanliga konsumenter ser på sina skärmar varje dag. Istället är denna form av reklam helt enkelt en fråga om att sprida ordet, till exempel. En klubb berättar för en annan klubb att det kommer att hållas en turnering inom en snar framtid. I många fall finns informationen också uppsatt i skyltfönster framför ridhus, arenor eller hopphallar, och den finns också på klubbens webbplats. Det är dock inte så lätt att hitta den här webbplatsen, eftersom väldigt få privata leverantörers webbplatser följer algoritmen på nätet och därför inte visas på den första söksidan. Du bör därför satsa mycket mer på det gamla vanliga sättet, dvs. att helt enkelt komma förbi och fråga. De som har hittat rätt lärare kommer att guidas in i de mest varierande turneringarna helt på egen hand. De som inte har någon lärare som aktivt tar hand om ungdomarna kan helt enkelt ta sig tid att besöka olika klubbar eller grannstall. I slutändan är ridsportens värld en nästan hemlig värld, nästan helt dold från resten av världen. Ingen talar om vinnaren av en fristil på samma sätt som man talar om vinnaren av fotbolls-VM, till exempel. Därför är det inte så lätt att hitta turneringar, men i en sådan värld håller de enskilda parterna ihop, och därför är det säkraste och enklaste sättet att uppnå personliga mål att bara ställa frågor.

Det är inte alla som känner sig bekväma i turneringar eller tävlingar av något slag, oavsett om det är på nybörjarnivå eller på en högre nivå. Det kan ha många olika orsaker. Det är inte alla som gillar den uppståndelse som en sådan turnering ger upphov till. En person som är ganska blyg mot människor kommer alltså inte att klara sig under den här tiden, särskilt som scenskräck också spelar en stor roll. Men det finns många fler möjligheter till varför någon väljer att inte delta i turneringar. Bland annat finns det ofta en betalningsavgift vid turneringar och de som inte når upp till podiet får ofta aldrig se något av denna avgift igen. Det är inte alla som har råd att delta i så många olika turneringar. Eftersom dessa turneringar vanligtvis inte har de största sponsorerna måste mycket betalas privat, så det finns en bra anledning till denna betalningsavgift.

Ryttare som är utbildade i Doma Vaquera har därför möjlighet att tjäna extra pengar med till exempel privata evenemang. Vissa har till och med lyckats bli egenföretagare tack vare dessa möjligheter, eftersom intresset för denna livliga och vackra ridteknik ökar allt mer. Utanför ridsportens värld är det dock väldigt få som känner till denna form av ridning. Det kan dock vara en bra källa till extrainkomst. På barnkalas ser man allt oftare att man inte längre hyr små ponnyer som barnen kan ledas fram och tillbaka på, utan det blir allt populärare med privata leverantörer som kan utföra en riktig dans med sina hästar.

Denna vändning beror på att många kända hästshower har tagit upp detta gammaldags sätt att rida igen. Naturligtvis är allting där inövat och det har väldigt lite att göra med den tidigare friheten, men det är för ryttarnas säkerhet. När koreografier inte är inövade kan något alltid gå fel, vilket inte bara är farligt för ryttaren utan också för företaget. När allt kommer omkring vill åskådarna inte se något gå fel.

Berömda representanter för sådana hästshower som behandlar den gamla ridtekniken doma vaquera och där både *garrochistas* och *vaqueros* uppträder är till exempel Cavalluna och Apassionata, som tar denna teknik till en helt ny nivå och visar den mest eleganta förbindelsen mellan människa och djur med ljusväxlingar och dramatiska effekter.

Att visa sin talang kan ske på många olika sätt för ryttarna på Doma Vaquera tillsammans med sina hästar. Den mest populära formen är naturligtvis turneringarna, som inte bara blir större utan också mer populära, men det finns flera andra metoder. Turister i Spanien har till exempel möjlighet att se den gamla ridningen på plats, medan en *garrochista* visar dem exakt hur boskapen brukade drivas över betesmarkerna. Vid privata evenemang på dagens område syns tydligt mer av den konstnärliga och dansande aspekten av denna teknik, och vid hästtävlingar runt om i världen kan man återigen se detta på ett mycket bättre och motsvarande mer dramatiskt sätt.

Avvikelse:
Arbetande ridning

Det är dock inte bara den moderna **Doma** Vaquera-ridningen, som vi känner till idag från olika ridtävlingar och turneringsridning, som har utvecklats från den ursprungliga, europeiska arbetsridningen. Istället handlar det uttryckligen om europeisk arbetsridning och inte enbart om spansk arbetsridning med boskap i Andalusiens höga berg, vilket är fallet med **Doma Vaquera.** *Working Equitation, som* på tyska kan översättas med "arbetssporten", är en hänvisning till den allra första västerländska ridningen. Detta innebär inte bara en gammaldags *garrochistas* arbete, utan det uttryckliga arbetet med boskap och hästar fanns överallt i Europa. Några välkända representanter är Spanien och Portugal, men även Italien och Frankrike.

Köttkörning spreds således över hela Europa, men var endast nödvändig regionalt. Boskap kunde inte hållas överallt, och om det fanns, fanns det ofta inte tillräckligt med utrymme för att de verkligen skulle behöva rida terrängen med hästar, eftersom det annars skulle vara för svårt för en person ensam. Följaktligen kan man inte säga att det är absolut nödvändigt att hålla boskap, men det fanns ändå vissa regioner som visade sig vara mycket värdefulla på detta område. För några år sedan kunde man inte bara hålla boskap i små stallar. De behövde mycket utrymme utomhus och helst en stor grupp för att verkligen känna sig bekväma. Detta visade sig faktiskt vara fallet ganska snabbt, eftersom 1600-talets människor naturligtvis också tänkte på att överleva så effektivt som möjligt eller att göra sina egna liv lättare. På den tiden fanns det dock ingen antibiotika blandad i maten och inga olika mediciner som gjorde djuren tröga, så att de kunde överleva inomhus. Den allmänna överlevnaden var inte ens det största problemet, utan djuren åt inte tillräckligt om de inte fick rätt motion och kontakt med naturen under hela dagen, vilket ledde till att de till slut inte växte sig tillräckligt stora. Det fanns inte tillräckligt med kött för att sälja eller äta på egen hand, och det fanns inte tillräckligt med läder för att tillverka nya sadlar eller kläder. Därför drevs nötkreatur endast i riktigt värdefulla regioner, som Spanien och Portugal, där det fanns stora områden som var svåra att täcka till fots, men mycket bra på fyra hovar.

Precis som fallet är med **Doma Vaquera** föll denna arbetsridningsstil i andra delar av Europa i glömska när världen moderniserades och arbetet på landsbygden blev allt enklare. Endast entusiaster var fortfarande entusiastiska över detta gammaldags sätt att rida. Under tiden ökar dock entusiasmen för just detta.

Detta beror främst på att de nya generationerna ryttare är särskilt intresserade av allmän historia. De får inte lära sig detta direkt, men i stället utvecklas denna historielöshet mer och mer i de nya generationerna, vilket är anledningen till att de första paraplyorganisationerna och evenemangen inte var tävlingsinriktade, utan snarare baserade på ren beundran av den faktiska ridningen. Innan dess fanns det många jämförande tävlingar som försökte återuppliva den gamla stilen, men fram till idag var det bara originalet som kunde kämpa sig tillbaka till toppen, medan nyare discipliner, som bara liknar och inte liknar Working Equitation, hamnade i bakgrunden.

Working Equitation handlar framför allt om att utföra många olika uppgifter som inte nödvändigtvis alltid kan jämföras direkt med **Doma Vaquera.** Det är snarare en underordnad kategori som med tiden har utvecklats till en helt självständig disciplin inom ridsporten. Detta är i slutändan också fallet med **Doma Vaquera.** Båda typerna av ridning är helt olika discipliner som inte behöver ridas tillsammans. I stället är turneringarna olika och helt individuella.

Många turneringar eller evenemang kräver inte ens att man rider med en *garrocha, vilket är* så unikt för **Doma Vaquera-ridning.**

Working Equitation är således uppdelad i tre huvudprov och fyra valfria prov.

De viktigaste tävlingarna är indelade i dressyr, dressyrspår och speedspår. Den första uppgiften är alltid ett klassiskt dressyrprov som rids till välkänd musik. Dressyren liknar de beskrivna **Doma Vaquera-teknikerna,** men i de sällsynta fallen är det verkligen en dans. I stället utförs mycket strukturerade och ofta förutbestämda rörelser. Det är inte ovanligt att hela dressyren är tätt skriven och att den som kommer närmast den absoluta perfektionen vinner. Detta visar hur mycket kontroll ryttaren har över sin häst. Det är det allra första intrycket som förbereder för de uppgifter som följer.

Det andra provet är stil- eller dressyrspåret. På ridsportens språk är trail inte bara en allmän översättning av en stig med *spår,* utan ett trail inom ridsporten är en parkour som måste förberedas. Det finns mellan tio och femton olika hinder, som inte alla är enkla hopphinder. Detta kan också ske i form av en grind, men även här liknar hindren den allmänna fristilen. Målet är att åka så nära som möjligt runt ett hinder, till exempel en tunna, och parallellslalom är också en ofta vald position. Sidopasset och (klock-)gränden påminner också starkt om den faktiska körstilen. Här kan man dra paralleller till **Doma Vaquera, där** det inte är ovanligt att man måste rida mycket nära *garrocha.* Även här är målet att uppnå absoluta toppresultat. Man bedömer perfektion eller korrekt utförande av de olika hindren.

I likhet med dressyrspåret är speedspåret också en parkour. Men i den här får du inte ta god tid på dig. I stället är det en kontroll av den allmänna hastigheten.

Återigen finns det hinder som måste kringgås eller korsas. Den verkliga skillnaden här är att hastighetsbanan inte bara handlar om perfektion. Hindren kan också cirkuleras mycket långt ut, vilket inte är fallet på dressyrbanan. Istället för perfektion ligger fokus här på allmän snabbhet. Man får dock inte ta lätt på att korsa hindren på rätt sätt, eftersom straffsekunder läggs till ryttarens faktiska tid för vissa misstag i hindren.

Dessa tre delområden representerar de enskilda provuppgifterna i Working Equitation. Det bör dock nämnas att ingen av dessa discipliner finns uteslutande inom detta område. Det är bara en sammanslagning av många olika tester som i slutändan bedöms som en enda stor helhet. Över hela världen finns det dock många olika tävlingar som kräver att ryttarna utför till exempel bara en av de discipliner som nämns här. Dressyrridning är förmodligen en av de mest välkända ridteknikerna, även bland lojala ryttare, och några av vinnarnamnen finns även utanför ridsporten. Speed riding eller speed trail är däremot förmodligen det som väcker mest entusiasm, särskilt hos den yngre generationen ryttare, som tenderar att lägga mindre vikt vid uttrycket och i stället njuta av hastigheten och kraften i den egna hästens ben. Det finns alltså ett särskilt stort antal turneringar med ett särskilt stort antal discipliner och ännu mer omfattande delområden.

Working Equitation kombinerar helt enkelt de många olika discipliner som har nämnts här, eftersom det fortfarande handlar om att hedra den gamla arbetshästhållningen. Alla dessa olika uppgifter måste utföras av boskapsskötare och boskapsskötare under 1600- och 1700-talen i deras dagliga liv. Det gällde att driva boskapen så snabbt som möjligt från en gräsyta till en annan eller att se till att inga unga djur rymde från gruppen. Det var nödvändigt att rida genom lågt vatten och över hinder, men också genom flaskhalsar, t.ex. mellan stenar. Alla dessa olika övningar kombinerades i Working Equitation, även om det måste sägas att de enskilda disciplinerna redan hade utförts aktivt i tävlingar långt tidigare. Som en uppskattning av den tidigare arbetsridningen kombinerades alla dessa övningar i en enda turnering.

Detta beskriver de tre huvudtesterna, men det finns ytterligare två tester, beroende på turneringen, som är avsedda att visa den allmänna förmågan. Hästarnas ridbarhet eller lydnad och därmed även ryttarens självförtroende sätts ofta på prov i ett frivilligt prov. Detta är ofta en dans av **typen Doma Vaquera,** eftersom detta är en av de övningar som kräver mest självförtroende från ryttarens sida och därmed mycket förmåga från hästens sida. Den här övningen behöver inte heller ses direkt som ett prov, utan handlar snarare om att än en gång visa vad det gemensamma teamet av ryttare och häst är gjort av. I slutändan är uttrycket särskilt viktigt för **Doma Vaquera.** Därför är det inte alltid nödvändigt att utföra en regelrätt dans, utan en enkel ritt där parets fulla uttryck visas kan ofta vara helt tillräckligt.

Det andra frivilliga provet är däremot förmodligen ett av de viktigaste proven, som inte sällan står i förgrunden och därför räknas som huvudexamen. Här beror det dock på de olika turneringarna, eftersom det här testet inte är särskilt lätt. Det är det allmänna arbetet med nötkreatur. I **Doma Vaquera** är det inte längre någon hemlighet att hästarna mycket sällan träffar andra djur, just för att det inte har varit en fungerande ridstil på länge. Även om det fortfarande handlar om att uppskatta detta sätt att rida, finns det mycket modernare sätt att göra det på. Arbete med boskap i sig är inte längre uppskattat utanför arbetsridning och inte heller utanför arbetet som *garrocha.* Den enkla anledningen till detta är att hästarna ska koncentrera sig på en tävling. Kontakt med andra djur, oavsett om de befinner sig utanför eller inom den egna sorten, kan vara mycket distraherande. Att arbeta tillsammans med andra djur är följaktligen en svår debatt, där arbetsridning har ganska enkla regler som inte kan jämföras med perfektionen i en ren dressyrturnering och följaktligen naturligtvis med den strikta attityd som hästarna måste leva med vid en sådan turnering.

Dessutom är arbetet med nötkreatur särskilt svårt. Detta arbete innebär stor stress för hästarna och kan ibland leda till mycket farliga situationer, eftersom hästar är vana vid att ha med människor att göra medan boskap ofta inte är det. Boskapsskötseln, som är mer ett begrepp från jakt än från boskapsskötsel, är alltid ett särskilt stressigt ögonblick för djuren. När allt kommer omkring är det inte ovanligt att deras liv står på spel när de inte bara drivs från en plats till en annan för att beta i fred, utan när exemplet på jakt verkligen står på spel. Därför kan detta arbete vara svårt. Det krävs ett särskilt välbalanserat team, en häst med särskilt snabba reflexer, som klarar av även denna massiva stress när många, inte direkt små djur ofta drivs frenetiskt. Det krävs också en ryttare som är säker på sin egen förmåga, men också på hästens förmåga. Följaktligen är arbete med nötkreatur inget område för nybörjare, vilket är anledningen till att det här provet är mer sannolikt att återfinnas i högre klasser som huvudprov.

Precis som på 1600-talet arbetar man här i grupp. Alla betygsätts och bedöms individuellt, även om alla inte har samma uppgift. Detta innebär att en enskild ryttare väljer ut en ko ur en besättning. Denna person körs sedan av hela gruppen av ryttare till ett separat område. Även om varje ryttare bedöms individuellt och därmed uppnår en viss placering inom den aktuella gruppen, är poängen att de enskilda grupperna av ryttare jämförs med varandra. Så även här är målet att uppnå den högsta poängen. Dessa poäng består till exempel av en mångsidig användning av *garrocha*, ryttarens allmänna attityd, hästens uttryck och naturligtvis den snabbaste tiden. För många år sedan, inom den ursprungliga arbetsridningen, var man trots allt tvungen att arbeta så effektivt som möjligt. Det var därför inte tillåtet att slöa vid den tiden, eftersom det inte bara kunde leda till farliga situationer för ryttarna utan också för djuren. Det var sällan som det var möjligt att arbeta på ett så ordnat sätt som i dagens tävlingar. På den tiden handlade det i stället om att fånga in djur som bröt sig loss från flocken, särskilt unga djur som ännu inte visste hur de skulle ta sig fram i terrängen, eller sjuka djur som inte kunde hålla jämna steg med flocken. Så även i dagens turneringar spelas detta på tid, även om det måste sägas att endast *vaqueros* deltar i dessa turneringar. Det är showryttarna som följaktligen ägnar mer uppmärksamhet åt attityden och poängen och inte riktigt åt djurens liv. *Garrochistas* ses sällan på sådana turneringar; de följer fortfarande den gammaldags arbetsridningen och driver fortfarande aktivt boskap, till exempel för turister. Dessa *garrochistas* är mycket skickliga ryttare som dagligen arbetar med boskap, så deras egna hästar är också vana vid dessa märkliga djur. Hästen vet vilket arbete den ska utföra. Vaqueros, å andra sidan, ser sällan ett annat djur, precis som sin egen häst. Därför är det logiskt att denna disciplin endast räknas som ett huvudprov i de högre klasserna.

Det är alltså känt att Working Equitation kombinerar många olika ämnesområden i en enda stor show, men detta är inte bara svårt med tanke på vissa specialiseringar hos ryttarna, eftersom inte alla ryttare är skickliga på både snygg dressyr och snabb, oregerlig speedtrail, och även valet av den egna utrustningen är en särskild utmaning här.

Working Equitation är en direkt ättling till **Doma Vaquera,** som är en av de många traditionella ridstilar som fanns i Europa för många år sedan. Därför är det självklart att valet av sadel bör baseras på den typiska **Doma Vaquera-sadeln.** Detta är dock inte helt enkelt. **Doma Vaquera** har normalt inte inslag av dressyrridning, vilket är en mycket speciell utmaning. Sadeln som används för dessa gamla arbetshästar är särskilt mjuk och kraftigt vadderad så att ryttaren kan sitta på sin hästs rygg hela dagen, men hästen klarar det utan problem. En ryttare väger trots allt inte så lite och om sadeln trycker på ställen som är omöjliga för en häst att nå, stör det den allmänna koncentrationen avsevärt. Detta kan leda till särskilt farliga situationer, och eftersom ryttaren måste lita mer än hundra procent på sin häst är det upp till ryttaren att välja rätt sadel. Problemet är dock att dressyrsadlar skiljer sig från **Doma Vaquera-sadlar**. De är mycket hårdare, mer filigrana och ofta enkla. De skiljer sig mycket från andra sadlar och har sitt ursprung i den engelska ridstilen, som utfördes vid fina hovar. Dessa sadlar är inte avsedda att bäras under långa perioder, och de är ännu mindre avsedda att vara bekväma. Deras enda fördel är att de ser bra ut och ger ett särskilt ädelt intryck. Ändå är det just denna sadel som används för dressyrridning.

Working Equitation består av många olika sektioner, som alla måste utföras under en dag. Självklart kan sadlarna också bytas ut däremellan. Till exempel kan en engelsk sadel vara att föredra i de första omgångarna av dressyr och en **Doma** Vaquera-sadel kan sättas på vid körtesterna, även om detta inte är särskilt fördelaktigt. Många ryttare som specialiserar sig på arbetsridning behöver därför inte använda engelska sadlar alls. Detta gör dressyrridning mycket svårare, eftersom dessa sadlar är gjorda för att hålla djuren under kontroll. Den obekväma känslan gör att de är mycket mer benägna att lyssna på sin ryttare än med en bekväm sadel. Det är därför som till exempel dressyrhästar också hålls med mycket korta tyglar. Detta är naturligtvis inte bekvämt, men i dessa sporter ger det en betydande rang och höga poäng. **Doma Vaquera** å andra sidan är en lugnare ridstil som inte bara är utformad för att ta poäng. I stället ska hästen också känna sig bekväm. En mycket mjuk sadel i dressyrtävlingar gör disciplinen svårare, men är mycket skonsammare för djuret i längden. Detta stärker också bandet mellan människa och djur, eftersom dessa typer av ridning i slutändan handlar om ett mycket speciellt förtroende som inte får brytas, eftersom det blir svårt att bygga upp samma band en andra gång efteråt.

Följaktligen används här en ofta original Vaquero-sadel. Dessa sadlar har en särskilt stor och bred kontaktyta och skiljer sig därför avsevärt från de engelska versionerna. Den här sadeln ger en särskilt bekväm sits och därmed också en särskilt bra känsla för hästen. Dessa sadlar kallas *Iberosadlar och* finns framför allt inom **Doma Vaquera,** som förmodligen är den mest kända av de traditionella arbetsridningsstilarna. Sådana Ibero-sadlar har en särskilt fin utformad komfortkudde, som är perfekt anpassad till de finaste viktförskjutningarna, eftersom den alltid överför vikten till hela hästens rygg och inte bara till en specifik punkt, vilket i slutändan kan leda till muskelspänningar.

Detta är dock bara ett förslag. Till skillnad från **Doma Vaquera** finns det ingen strikt klädkod för turneringarna. I stället är det upp till varje ryttare hur han eller hon vill uppträda i turneringen. Trots detta önskas ofta täckande färger, eftersom *garrochistas på* 1600-talet inte heller bar starka färger. När allt kommer omkring handlar det fortfarande om att hedra den gamla bilden av ridning. Därför är ingen särskild typ av sadel föreskriven. Det är dock alltid fördelaktigt att i förväg ta reda på de olika typerna av sadlar och deras fördelar. I slutändan beror det på kopplingen mellan ryttaren och hans eller hennes egen häst. Alla sadlar är inte utformade för alla hästars ryggar och många ryttare har vissa preferenser när det gäller utrustning, vilket ofta kan skilja sig mycket från andra ryttares tankar och ord. Träning med den valda sadeln bör därför definitivt ske före de egentliga tävlingarna. Inom dressyren är det ofta så att den ganska dyra utrustningen tas fram och sätts på endast vid de egentliga tävlingarna. Detta innebär dock att utrustningen inte är inkörd, och hur bra kan en särskilt vacker och välgjord utrustning vara om den orsakar smärta för både häst och ryttare? Working Equitation är alltså en särskilt ny form av ridning. Även om dess ursprung kan hittas i de spanska boskapsskötarnas gammaldags arbetsridning, som har fulländat denna ridkonst, är själva turneringarna eller sammanslagningen av redan existerande discipliner, just för att bevara denna traditionella arbetsridning, en ganska ny idé som har dykt upp hos de senaste generationerna av ryttare. Till exempel har working equitation inte varit en officiell tävlingsdisciplin förrän 2008, även om *garrochistas* egentliga working equitation har funnits sedan 1600-talet och till och med mycket tidigare i områden med militär tradition, när beväpnade krigare fortfarande förde krig på sina hästar med långa spjut.

Working Equitation har därför blivit en målinriktad utmaning som äldre generationer ryttare aldrig skulle ha tänkt på. Särskilt hästen utmanas uttryckligen i dessa uppgifter. Normalt handlar ridsport alltid om att ryttare och häst bildar ett team och nästan smälter samman till en enda individ. Detta gäller naturligtvis även här, eftersom ryttaren fortfarande måste lita helt på hästen, men dessa uppgifter handlar uttryckligen om hästens uttryck, om det arbete som djuret måste utföra. Som ett resultat av detta ägnas särskild uppmärksamhet åt den faktiska kombinationen, men särskilt hästen inom Working Equitation, men även **Doma Vaquera** kan visa stor entusiasm.

Arbetsridningen är dock inte lika strikt som **Doma Vaquera.** Det finns inga särskilt strikta regler när det gäller utrustning och även utseendet är upp till varje ryttare. Detta gör Working Equitation väl lämpad för nybörjare. Även en nybörjare kan när som helst komma in i **Doma Vaquera,** men inom denna spanska arbetsridning handlar det inte direkt om perfektion, utan om ett särskilt myntat uttryck. Det är som en scen och hästen och ryttaren representerar skådespelarna som applåderas entusiastiskt inför en stor publik. Working Equitation, å andra sidan, är mer likt barnrummet, där föreställningar planeras och genomförs, men utan den stora publiken, vilket innebär en särskilt hög stressnivå för både ryttare och häst. Här handlar det alltså verkligen om de enskilda disciplinerna. Working Equitation är därför särskilt spännande för ryttare som inte specialiserar sig på en enda disciplin. Den inspirerar dem som tycker om den graciösa gången och det fina uttrycket i dressyrridningen, som har sitt ursprung i den ädla ridningen vid det kungliga hovet, och även dem som särskilt gillar den vilda westernridningen från filmerna, när vinden piskar mot ryttaren och höga hinder kan överhoppas.

Working Equitation inspirerar ryttare över hela världen, som än i dag hyllar den gamla tekniken för Working Equitation. Eftersom det är en ganska ny ridsport kan man anta att många nya ryttare kommer att börja rida den inom en snar framtid. I slutändan finns det en disciplin för alla och alla som är intresserade av ridsport i allmänhet kan skapa ett starkt band med sin häst som man sällan hittar en andra gång.

Avslutande ord

I slutändan kan vem som helst bli en riktig *vaquero* eller *garrochista*. Man bör dock inte underskatta det arbete som ligger bakom denna fascinerande ridstil. Det är också ett tidskrävande företag som ibland kan vara ganska dyrt. De som verkligen är intresserade av Doma Vaquera har dock flera ställen att gå till.

Slutligen görs en åtskillnad mellan två olika typer av doma vaquera. Det finns fortfarande *garrochista, som* fortsätter att driva får och boskap över stora områden på gammaldags vis, mest för att visa upp sig och för att roa turisterna, även om detta vanligtvis inte längre sker i de höga bergen, utan på enkla anläggningar. Dessutom finns det den mycket mer utbredda metoden med *vaqueros, som man* framför allt hittar vid turneringar och tävlingar, men också vid olika privata evenemang. För båda möjligheterna finns det privata leverantörer som lär ut denna mycket speciella dans mellan människor och djur till elever i små grupper. Det är viktigt att se till att grupperna är särskilt små när det gäller dessa privata leverantörer. En "enkel" dressyr kan säkert läras in i stora grupper, eftersom det i vissa fall bara handlar om att lära sig sekvenserna och utföra dem nästan perfekt.

Doma Vaquera är dock mycket mer än så. I stället för att bara utföra en rörelse eller flytta vikt måste man förstå innebörden bakom den. Man måste tänka utanför sitt eget sinne för att förstå hur denna dans ser ut även utifrån. Dessutom kan man inte bara lära sig hur man hanterar *garrocha i* stora grupper. Det är inte bara ett verktyg som kan bytas ut när som helst, utan många *garrochistas* och även *vaqueros* behåller sin *garrocha* hela livet. Det är en vana vid en och samma *garrocha, precis* som det är fallet med olika sporter, till exempel tennis eller stavhopp. Också här måste verktygen väljas med stor omsorg, eftersom t.ex. texturen inte känns rätt, föremålet är för tungt eller inte är ordentligt förskjutet. Det är inte som i fotboll eller rugby, där bollar kastas eller sparkas mot varandra och kan bytas ut på samma gång. I stället handlar det om att instrumentet, i det här fallet *garrocha*, *är* något mycket speciellt och precis som med själva hästen måste man bygga upp en speciell förbindelse, så gör naturligtvis också *garrocha det*.

Detta bör dock förklaras av läraren, som också kan hjälpa till med att köpa en *garrocha*. Därför är det viktigt att se till att denna person inte bara har kunnat skaffa sig många års erfarenhet, utan också att han eller hon lägger ner sitt hjärta och sin själ i det, att passionen fortfarande kan ses, även efter många års erfarenhet, eftersom detta fascinerande sätt att rida definitivt inte får bli en sak: monotont.

Dessutom bör det nämnas att det är en bättre möjlighet att börja helt på nytt i Doma Vaquera. Särskilt de som har tävlat i stora dressyrtävlingar kommer att ha problem med att verkligen släppa taget. Man måste förstå att det är helt okej att göra felsteg, och om djuret bara inte tar svängen så skarpt som det borde är det fortfarande helt okej. Det man lärt sig av dressyren måste nästan helt och hållet glömmas bort igen, för i slutändan är Doma Vaquera inte bara en reproduktion av en sekvens av steg, utan det är en vild och synnerligen fri dans som kan varieras av varje par, så att rörelsesekvenserna är exakt anpassade till de två delarna.

I slutändan bör en ryttare ta sig mycket tid att fundera på om den här ridstilen verkligen är den rätta, både för ryttaren själv och till exempel för en redan utvald häst. Den här särskilt fria ridstilen, som bland annat också kan ridas barbacka, är inte för alla, men då inte vid stora turneringar utan snarare vid privata evenemang. Vissa människor och djur gillar tanken på att utföra enkla rörelseföljder som har föreskrivits, även om det i de flesta fall strider mot deras egen natur. Ytterligare andra människor och hästar känner sig inte bekväma med att utföra särskilt små svängar eller piruetter som till exempel inte skulle förekomma i normal dressyr. Att rida med en hand är också särskilt svårt för många ryttare, eftersom det finns en extra vikt på två kilo som täcker en yta på tre meter. *Garrocha* är därför inte precis liten och det antal tyglar som krävs för detta i djurets tygel kan också vara ovanligt för en ryttare.

Därför bör mycket tid investeras här, inte bara i den allmänna tanken om huruvida detta verkligen är rätt sak att göra, utan alla de möjligheter som annars finns inom ridsporten utanför Doma Vaquera bör också övervägas. Dressyr är bara en av de många möjligheter som ridsporten har att erbjuda. Det är inte heller ovanligt att någon som först var intresserad av Doma Vaquera, eftersom det finns få regler och ridstilen är mycket friare, blir förälskad i hoppning.

Doma vaquera blir alltmer populär, särskilt bland yngre generationer. Under tiden kan man nästan säga att dressyrsporten i sig är något för "gamla ryttare", eftersom det definitivt är en mycket gammaldags teknik. Doma Vaquera är också en gammaldags teknik, vilket inte går att förneka, eftersom denna speciella ridteknik har sitt ursprung i mer än två tusen år, då människor fortfarande utkämpade strider till häst. Men under årens lopp, särskilt under vårt århundrade, har doma vaquera mognat mycket bättre än dressyr. Det är en särskilt fri och vild sport som unga människor särskilt gärna utövar, även om det inte alltid sker inför publik.

Återigen bör det sägas att detta är helt okej. Även om denna sport är gjord för att visas inför en stor publik behöver det inte vara så. Det är inte alla som känner sig bekväma med att delta i en stor tävling. Därför bör man än en gång betona att Doma Vaqueras huvudfokus fortfarande är det faktiska bandet mellan människa och djur. Det skapas ett band som inte kan brytas igen. Det är just detta band som inte behöver visas offentligt om man inte vill det. Det kan också helt enkelt vara ett sätt att rida för två personer som vill ha full kontroll i absolut frihet.

Den här boken borde alltså ha gett en inblick i denna fascinerande värld till alla som är intresserade av detta otroliga sätt att rida och som alltid tänker på Doma Vaquera, som är fritt tillgänglig för alla. Allt som behövs är att hitta rätt personer att kontakta och rätt information. Den här boken har tagit hand om det sistnämnda. Nu är det dock dags för ryttaren själv att ta tyglarna och svinga sig upp på den höga hästens rygg, för den rätta läraren kan bara hittas genom aktiv handling.

Förteckning över källor

Bártová, H. (2013) *Dressyrens tekniska språk. (En ordlista).* Tyskland. Berlin. Nederländerna. Venló.

Bergér, V. (2020) *Doma Vaquera - Ridning med Garrocha.* Equi Amor. Raubling.

Binder, S. L. (2020) *Vilken häst passar mig? Hästraser och deras särdrag. (Egen häst - när drömmar äntligen går i uppfyllelse...).* Kosmos förlag.

Menne, S. (2020) *Pferderassen und ihr Charakter.* tierchenwelt.de 2008-2121 / Silke Menne. Nürnberg.

Millán-Ruiz, B. (2016) *Doma Vaquera: Steg för steg till spansk arbetsridning.* Cadmos Verlag. Ravenstein Brain Pool. Volkersen. Berlin.

Ullmann, S. (2020) *Pferderücken und Sattel. (varför är en barfota-sadel hästvänlig?).* FOCUS Horse - Omprövning av hästars välfärd. Barfota - Ryttare som bryr sig. Tidskrift för hästfysioterapi. Ulm.

PSV Hannover e.V. (2020) *Planering und Durchführung von Turnierveranstaltungen unter besonderer Berücksichtigung des Infektionsschutzes. (Rekommendationer för åtgärder).* PSV Hannover e.V. Hannover.

Putz, M. (2019) *Grunderna i klassisk dressyrträning som hälsovård för ridhästen.* GWP Academy "Den friska hästen". Equitana. Buckenhof.

Racic, G. M. (2012) *Untersuchungen zur Eignung einer Sattelunterlage (Trapezmuskelentlagerungspad).* Examensarbete i veterinärmedicinska studier vid veterinärmedicinska universitetet i Wien. Graf Lehndorf Institute for Equine Sciences. Veterinärmedicinska universitetet i Wien. Wien.

Rieder, S. (2015) *Pferdezucht - Pferdekunde (Skript zur Vorlesung).* Vid ETH Zürich och veterinärmedicinska fakulteten vid universitetet i Zürich. Institutet för husdjursvetenskap - gruppen för avelsbiologi. Zürich.

Rosinger, U. (2018) Working Equitation -Regelwerk und Aufgaben. Arbetskvittring-Tyskland-Ev. Schwabach. ESR Aerial - Rosinger.

Schneider, S. (2017) *Der Weg zur Traversale (Bereit für Multitasking?).* Gut Hohenkamp. Hästgård i Dorsten, Nordrhein-Westfalen.

Schramme, S. (2018) Att *mäta ryttare och häst. (Body Condition Score).* BCS. Information och instruktioner. Sadelmakeri Steitz.

Thoma, B. & Thoma, M. (2019) Working Equitation - die Schönheit des Arbeitsreitens (Saddles). Iberosattel Reitsport GmbH. Freystadt. Nürnberg.

CPSIA information can be obtained
at www.ICGtesting.com
Printed in the USA
BVHW031137061022
648823BV00017B/890

9 798215 721711